労働時間制度改革

ホワイトカラー・エグゼンプションはなぜ必要か

大内伸哉
Ouchi Shinya

中央経済社

はしがき

　労働時間といえば，これまで長時間労働による過労の問題が論じられることが多かった。ここに，近年，ホワイトカラー・エグゼンプションという新たな議論が加わってきた。ただでさえ長時間労働問題があるなか，ホワイトカラー・エグゼンプションという割増賃金を廃止する制度を導入するのは，長時間労働をいっそう誘発する論外の試みとして，厳しく批判する声も強い。他方で，ホワイトカラー・エグゼンプションを，「時間ではなく成果で賃金を支払う制度」と定義して，「ホワイトカラー・エグゼンプション＝成果型賃金」というイメージをまとわせて，この制度の導入を主張する声もある。

　私は，ホワイトカラー・エグゼンプションをめぐる，このどちらの主張にも物足りなさを感じている。その原因は，ホワイトカラー・エグゼンプションが，労働基準法の改正論，つまり法律問題であるということへの意識が希薄なまま，議論がなされているところにある。きちんと労働時間制度を論じるためには，労働基準法の第4章「労働時間，休憩，休日及び年次有給休暇」の条文（32条から41条）やそれに関する判例を知ったうえで行わなければならない。労働時間は，一見，誰にでも語れそうで，「参入障壁」が低いようであるが，法律の専門家にも理解が難しい部分のある「落とし穴の多い」分野である。

　本書の目的は，まず，労働時間制度を論じるために，必ず知っておかなければならない法律の基本的な知識をわかりやすく解説

し，そのうえで，現在の法律の内容に，どのような問題があるかを読者とともに考えていくための情報を提供することにある。これに加えて，一般の人には，あまり知られていない外国の労働時間制度を，参考までに紹介している。そして最後に，労働時間制度改革をめぐる現在の議論を整理したうえで，私の改革案を提示している。

　ところで，本書を執筆するにあたり，まず考えたことは，長時間労働を批判する人たちの偽善である。上から労働時間短縮を唱える人たちの多くが，実は長時間労働をしている。日本の社会では，「寸暇を惜しんで働く」ことは，美徳であった。それだけなく，社会に大きな価値をもたらす創造的な成果の多くは，「寸暇を惜しんで働く」なかから誕生したものである。私たちは，そうしたすぐれた成果を生み出した人を賞賛してきた。そのことは，それを生み出した働き方も，同時に承認してきたことを意味する。
　もちろん，法律家の立場からは，長時間労働が法律に違反して行われているかぎり，それを悪とせざるをえない。不払（サービス）残業を，いろいろ理屈をこねて正当化する経営者を許すことはできない。
　ただ，法律家がこだわるべきは，既存の法律のコンプライアンス（遵守）だけではない。既存の法律を変えるための，具体的な法改正を提案する作業（立法論）も，法律家の大事な役割である。労働時間をめぐる立法論では，創造的な成果が，長時間労働から生み出されてきたという事実を直視する必要がある。つまり，長時間労働には良いものと悪いものとがあるのである。良いものは残し，悪いものは是正する，というのは当然であろう。この峻別の理論が，ホワイトカラー・エグゼンプションなのである。

労働法は，すでに大きな改革期に入っている。それは，雇用社会の大きな変動の流れと軌を一にしている。日本の雇用社会の未来を見据えて，必要とされる制度改革論を積極的に提示することが，私のライフワークである。その第1弾が2013年に発表した『解雇改革―日本型雇用の未来を考える』（中央経済社）であり，本書が第2弾である。その意味で，本書は，労働時間をテーマにしたものではあるが，私の目線は，もっと先のところにある。

　2014年12月の衆議院総選挙で大勝して誕生した第3次安倍政権は，これまでの雇用改革，とりわけ労働時間制度改革の歩みを加速化させるだろう。政府内での改革作業では，労使の対立する利害を調整するために妥協的な改革内容となる可能性が高いが，半端な改革なら，やらないほうがよいこともある。改革にほんとうに必要なのは，その理論的な「筋」であり，本書では，その改革のための筋を示したつもりである。日本の経済が今後も競争力をもち，労働者にも企業にも望ましい雇用社会を生み出すために必要な改革とは何か，という高い視点で作業が進められることを望んでやまない。本書がそのために何らかの貢献をすることができれば，望外の喜びとなろう。

　本書の執筆においては，労働時間に関する多くの法学の先行業績に負っている（巻末の参考文献も参照）。また，神戸労働法研究会では，つねに若手の研究者から多くの刺激を受けており，本書の執筆にも大いに役立っている。とりわけホワイトカラー・エグゼンプションをはじめとする労働時間をめぐっては，神戸学院大学法学部の梶川敦子准教授の業績から多くの教えを受けたことを，ここに特記しておきたい。

　最後に，本書でも，前著『解雇改革』と同様，編集を担当して

くださった木村寿香さんに，たいへんお世話になった。途中で筆が鈍った私を粘り強く励まして，また適切なアドバイスをくださった木村さんには感謝の言葉もない。

2015年1月

大内　伸哉

目　次

プロローグ ——————————————————————— 1

第1章　労働時間は，なぜ規制されるべきなのか？

1　自己決定にゆだねてはいけないのか？ ——————— 8
労働か，余暇か　8　　合理的な労使なら……　8
政府の介入が失業を生む？　9

2　規制は，どのように展開してきたのか？ —————— 9
戦前の工場法　9　　労基法の制定　10
1987年の大改正　11　　平成以降の改正　11

3　時代と共に変容する規制目的 ———————————— 14
健康保護と文化生活保護　14　　国策としての時短　14
時短政策の終了　15　　労働者の多様化に対応した規制の弾力化　16
ワーク・ライフ・バランス論の台頭　17　　「過労死」問題　19
労基法の労働時間規制の意義の変容　21

4　労働時間規制は，理論的には，どのように正当化されるのか？ ——————————————————————— 24
強力なエンフォースメント　24
法学的根拠─自己決定の限界論─　25
経済学的根拠─市場の失敗─　27
回避できない「負の外部性」　29
経済的合理性のある長時間労働　30

5　労基法による規制は適切か？ ———————————— 31

第2章 日本の労働時間規制は,どのようなものか?

1 法定労働時間とは何か? ─── 34
  労基法32条　34　　法定労働時間違反の制裁　35
  1987年改正のインパクト　35

2 法定労働時間の例外としての時間外労働 ─── 36
  軟式労働時間規制　36　　三六協定とは?　37
  限度時間の格上げ　38　　残業≠時間外労働　41

3 割増賃金とは? ─── 42
  割増賃金は法的な義務　42　　割増率　44
  割増賃金の算定基礎　47

4 弾力的な労働時間規制 ─── 48
  変形労働時間制　48　　フレックスタイム制　49
  裁量労働制　51

5 管理監督者に対する適用除外 ─── 57
  労働時間規制の適用除外　57　　日本マクドナルド事件　57
  管理監督者の範囲は狭い!　59

6 労基法は,労働者の休息をどのように保障しているか?
  ─── 63
  休憩時間　63　　休日　64

7 日本の労働時間規制がめざした理想と現実 ─── 65

第3章 日本の労働時間規制は,労働者の健康保護に役立ってきたのだろうか?

1 時短政策は効果があったか? ─── 68

2 長時間労働は,労災を増やすのか? ─── 70
  業務上の疾病　70　　労災認定基準の改正　72

脳・心臓疾患に関する労災補償状況　73
精神障害等に関する労災補償状況　76
過労死ラインを超えると，損害賠償　78

3　政府は，長時間労働から労働者の健康をどのように守ろうとしたか？ ——— 78
労働安全衛生法による取組みの進展　79　　医師の面接指導　80
深夜労働者の健康保護　82　　メンタルヘルス対策　82

4　健康保護は労働安全衛生法の役割か？ ——— 84

第4章　欧米の労働時間法制は，日本とどう違っているのだろうか？

1　日本の年間労働時間は突出して長いわけではない ——— 88

2　割増賃金規制中心のアメリカ ——— 89
シンプルな規制　89　　ホワイトカラー・エグゼンプション　90
日本との比較　91

3　欧州連合の労働時間指令 ——— 92
労働時間指令の内容　92　　幹部労働者への適用除外　93

4　オプト・アウトが特徴のイギリス ——— 94
上限規制と違反に対する制裁　94　　時間外労働　94
休息規制　95　　深夜労働　95
幹部労働者への適用除外　95　　イギリス法の特徴　95

5　時短先進国のドイツ ——— 96
労働時間の上限規制　96　　時間外労働　97　　休息規制　97
深夜労働　98　　法違反に対する制裁　98
幹部労働者への適用除外　99　　ドイツ法の特徴　99

6　週35時間の国フランス ——— 101
労働時間の上限規制　101　　割増賃金　101
定額払制　102　　休息規制　103

深夜労働　104　　　法違反に対する制裁　104
　　幹部労働者への適用除外　104　　　フランス法の特徴　105

7　日本と似た歴史をもつイタリア ─────────── 105
　　労働時間の上限規制　105　　　時間外労働　106
　　休息規制　106　　　深夜労働　107　　　法違反に対する制裁　107
　　幹部労働者への適用除外　107　　　イタリア法の特徴　108

8　比較法から浮かび上がる日本法の特徴 ─────── 108

第5章　日本の労働時間規制のどこに問題があるのか？

1　労働時間規制のモデル ──────────────── 112
　　規制手法はそれほど多様ではない！　112
　　上限規制に対する例外のパターン　112
　　間接的な規制手法としての割増賃金　113
　　日本で機能不全の直接手法　113

2　日本の労働時間の上限規制の特異性 ────────── 114
　　絶対的上限の欠如　114
　　日本でなぜ絶対的上限がなかったのか？　114
　　原則的上限　116　　　三六協定に頼る日本の規制　116

3　過半数代表は機能したか？ ───────────── 117
　　大企業での過半数組合の役割　117
　　中小企業での過半数代表者　118
　　過半数代表制の真の問題は何か？　119

4　時間外労働がどのような事由であっても許される日本
　　──────────────────────────── 121
　　日本ではなぜ事由規制がないのか？　121
　　三六協定だけでは，時間外労働を命じられない！　122
　　就業規則の残業規定の効力　123
　　合理性のある残業規定とは？　125
　　実質的には緩い上限規制　127

5 割増賃金をきっちりもらうことは難しい！ ──── 129
割増賃金の算定基礎は縮小可能！？　129
割増賃金の上限設定はほんとうは許されない！　130
割増賃金込みの給料の正しい払い方　131

6 割増賃金があると，もっと働きたくなる！？ ──── 133
ペナルティとインセンティブ　133
労働時間を決定するのは，労働者か，雇用主か？　134

7 労働時間を正しくカウントできるか？ ──── 135
所定労働時間と実労働時間　135　　労働時間の定義　136
労働時間の判断基準は曖昧！？　137
労働時間の立証も難しい！　138

8 管理監督者制は脱法への道？ ──── 139

9 休日は法的に保障されているといえるのか？ ──── 141

10 総括すると…… ──── 142
一見，厳格な法制度だが　142

第6章　日本人にヴァカンスは似合わない？

1 休まない日本人 ──── 146
半分未満の取得率　146　　年休は条件付き権利　147

2 日本の年休制度 ──── 149
年休権は，どのような場合に発生するのか？　149
年休が欲しければ，休んではならない！　150
年休は，労働者から指定する　151
どのような目的で取得してもかまわない　152
細切れで取ってもよい　153
まとめて取るのは難しい　154　　計画年休制度　154
年休の取得に対する不利益取扱い　155
年休の買上げは許されるか？　156

3 外国の年休制度 ——————————— 157
アメリカ 157　　欧州連合の労働時間指令 158
イギリス 158　　ドイツ 158
フランス 159　　イタリア 160

4 日本と欧米の年休制度の違いはどこにあるか？ —— 161

第7章 労働時間制度改革論は，何を議論してきたのか？

1 労働時間制度改革論は，いつ始まったか？ ——— 164
企画業務型裁量労働制の導入　164
総合規制改革会議での問題提起　165
「新しい自律的な労働時間制度」の提案へ　167
ホワイトカラー・エグゼンプションから，ワーク・ライフ・バランスへ　170

2 第2次安倍政権下で再燃する改革論 ——————— 172
三位一体改革の提言　172
労働時間上限要件型と高収入・ハイパフォーマー型の適用除外制度　173　　日本再興戦略　176

3 労働法学の反応は？ ————————————— 180

4 三位一体改革への若干の疑問 ————————— 181
「一体」である必然性は？　182　　自己決定の尊重を　183

5 ホワイトカラー・エグゼンプション導入への障害は，もはや存在しない？ ————————————————— 183
改革論復活の背景にあるもの　183
割増賃金との訣別のとき？　184

第8章 新たな労働時間制度に向けての提言

1 割増賃金はほんとうに維持すべきか? ―― 188
国際スタンダードは不要論? 188
割増賃金のペナルティ機能には限界がある! 189
健康面では逆効果 190
成果型賃金と相性の悪い割増賃金 191
賃金は労使自治が基本! 192

2 労働者の健康はどうやって確保するのか? ―― 194
労働時間には「絶対的上限」が必要 194
1日の労働時間上限は,勤務間インターバル規制で 195
それでも,割増賃金規制を残すか? 195
時間外労働の事由規制も必要 197
三六協定から就業規則へ 198
深夜労働者のためには,割増賃金より,直接規制がよい 198
週休の例外は簡単には認めない! 199
年休は,雇用主主導で与えよ! 200

3 日本版ホワイトカラー・エグゼンプションはこうだ! ―― 201
労働時間を規制するにふさわしい労働者は誰か? 202
現行の裁量労働制や管理監督者制では,なぜダメか? 203
健康確保も自己決定でよいか? 206
労使自治を活かすようにすべき! 207

4 正しいホワイトカラー・エグゼンプション論 ―― 208
ホワイトカラー・エグゼンプションは理論的な帰結 208
ホワイトカラー・エグゼンプションを生かすも殺すも経営者の腕次第 209　その先にあるのは? 210

エピローグ―残業代とは?― ―― 213

参考文献 ―― 215

事項索引 ―――――――――――――――― 221

判例索引 ―――――――――――――――― 224

凡　例

【法令名の略記】

労基法	労働基準法
時短促進法	労働時間の短縮の促進に関する臨時措置法
労働時間等設定改善特措法	労働時間等の設定の改善に関する特別措置法
労働者派遣法	労働者派遣事業の適正な運営の確保及び派遣労働者の保護等に関する法律
労災保険法	労働者災害補償保険法
男女雇用機会均等法	雇用の分野における男女の均等な機会及び待遇の確保等に関する法律
育児介護休業法	育児休業，介護休業等育児又は家族介護を行う労働者の福祉に関する法律
パート労働法	短時間労働者の雇用管理の改善等に関する法律
労基則	労働基準法施行規則
割増賃金令	労働基準法第三十七条第一項の時間外及び休日の割増賃金に係る率の最低限度を定める政令

【判例】

本文中の判例は，事件名のみを表示し，詳細は巻末の判例索引に示した。なお，大内伸哉『最新重要判例200 労働法（第3版）』（2014年，弘文堂）に収録されている判例の場合は，その掲載番号も併記している。

　例：東亜ペイント事件〈最重判39〉

【参考文献】

本文中の文献の引用においては，参照する際，とくに必要と思われる場合のみ，頁数を示している。

プロローグ

　会社勤めの人であれば，普通は，自分の「勤務時間」があるだろう。始業時刻までに出勤し，終業時刻となれば退勤する。もっとも，正社員であれば，いつも終業時刻に退勤できるという人は少ないだろう。終業時刻を超えても「残業」することは，日本の雇用社会では当たり前のことである。ときには，始業時刻前の出勤をする「早出」を命じられることもあるだろう。残業や早出が当然とされていることは，日本の正社員の働き方が「無限定」であることを象徴している。

　日本の雇用社会で正社員になるとは，特権的な地位を得ることである。労働契約の期間の限定がなくなり，安定雇用を得ることができる。それに加えて，給料も高くなる。その理由の一つは，残業代が支払われることにある。無限定な働き方は，過労を招くという点で，正社員の働き方の負の側面であるが，金銭的にペイしているために，納得できるという人も少なくない。

　ところが，その残業代がなくなるかもしれないという議論が出てきている。それがホワイトカラー・エグゼンプションである。ホワイトカラー・エグゼンプションとは，もとは英語であり(white-collar exemption)，そこからもわかるように，アメリカ法に，このような制度がある（⇒第4章）。その内容は，簡単に言うと，一定の要件をみたすホワイトカラー（白襟）労働者（事務系や管理系の仕事に従事する労働者）に対して，労働時間に関する規制の適用除外（エグゼンプション）を認めることにある。同様の制度はアメリカ以外にもある。もし，この制度が日本に導入さ

れると，残業代がなくなることになりそうである。

　実は，第1次安倍晋三政権のときの2006年から2007年にかけて，日本版のホワイトカラー・エグゼンプションといえる「新しい自律的な労働時間制度」の導入が試みられたことがあった。しかし，これは残業代をゼロにする制度だとの批判を受けて，政府は撤回を余儀なくされた。残業代がなくなるのは，正社員の特権を剥奪することである。長時間労働だけさせられて，それに報いるものがないとなると，労働者が反発するのは当然である。

　このようにみると，ホワイトカラー・エグゼンプションの問題点は，明白であるようでもある。それにもかかわらず，第2次安倍晋三政権は，再度，ホワイトカラー・エグゼンプションの導入をめざそうとしている。2014年6月24日に閣議決定された「『日本再興戦略』改訂2014」（以下「日本再興戦略」）のなかでは，労働時間法制の改革への言及があり，「時間ではなく成果で評価される働き方を希望する働き手のニーズに応える，新たな労働時間制度を創設することとした」とされていた。具体的には，「一定の年収要件（例えば少なくとも年収1000万円以上）を満たし，職務の範囲が明確で高度な職業能力を有する労働者を対象として，健康確保や仕事と生活の調和を図りつつ，労働時間の長さと賃金のリンクを切り離した「新たな労働時間制度」を創設することとし，労働政策審議会で検討し，結論を得た上で，次期通常国会を目途に所要の法的措置を講ずる」とされていた（⇒第7章）。ここでは，ホワイトカラー・エグゼンプションという言葉は使われていないが，これが日本版のホワイトカラー・エグゼンプションを含む新たな労働時間制度改革をめざす宣言であることは明らかである。

政府は，どうして多くの労働者の反発を招くことが必至であるホワイトカラー・エグゼンプションの導入を進めようとしているのだろうか。どうして，企業が残業代を支払わなくてよい制度をあえて作ろうとしているのだろうか。

　政府の狙いを，私が完全に理解できているわけではないかもしれない。ただ，私も，これまで，ホワイトカラー・エグゼンプションの導入が必要であることを主張してきた（大内2007，大内2009など）。その理由は，もちろん，企業のために，残業代を支払わなくてすむ労働者を増やし，いわゆる「不払残業（サービス残業）」にお墨付きを与えるということではない。そうではなく，残業代の支払いを法律で義務づける仕組みにフィットしない労働者が増えているので，その見直しが必要である，ということに主眼があった。

　第1章でみるように，日本の労働時間法制は，工場法に由来する。そこでは，工場で働く年少者や女性を対象とした労働時間規制（上限の設定，深夜労働の制限，休憩や休日の保障）がなされていた。今日では，工業に限定されず，すべての業種のすべての労働者（成人男性も含む）にも労働時間規制は及ぶが，工場法をモデルとした規制が今日の規制の原型である。ただ，現在の労基法の労働時間に関する条文は，枝番号が多いことからもわかるように，1987年の法改正以降，新たな条文が継ぎ足され，きわめてわかりにくいものとなっている。いわば元のシンプルな家屋に建増しが重ねられ，家全体が異様な姿を呈しているのである（⇒第2章）。異様なだけではなく，第3章でみるように，労働時間規制の重要な使命である労働者の健康確保という点でも，十分に機能していない。その問題点は，欧州の法律と比較すると（⇒第4章），いっそう明確になる（⇒第5章）。ホワイトカラー・エグゼ

ンプションの議論は，ある意味では，労働時間規制を，現代の雇用社会の実態にあわせるために再構築する試みともいえる。

この再構築の際に重要となるのが，「残業代」の取扱いである。残業代とは，法的には「割増賃金」と呼ばれる。労基法は，労働者を1日8時間または1週40時間の法定労働時間を超えて働かせた雇用主に対して，賃金の25パーセント以上を追加して支払うことを義務づけている。ホワイトカラー・エグゼンプションとは，ホワイトカラーの一部に対して，労働時間の規制をなくし，割増賃金の義務づけをなくそうとすることである。

割増賃金は，よく考えると不思議な制度である。その主たる機能は，言うまでもなく，長時間労働に対するペナルティである。雇用主の賃金コストを強制的に高くするものだからである。しかし，同時に，労働者にとって，長く働けば収入が増えるという面もある。「不払（サービス）残業」の問題などがあるので，実際にどこまで収入が増えているかはあやしいところもあるが，割増賃金に，労働者を長時間労働にいざなう効果があることは否定できない。こうみると，割増賃金制度が，長時間労働を抑制して，労働者の健康確保に役立つかは，かなり疑わしくなり，労働時間規制にとって必要かさえも疑問となる。

それだけではない。実は，日本の労働生産性（時間あたりのGDP）は，先進国のなかでもかなり低く20位である（日本生産性本部「日本の生産性の動向（2013年版）」，後掲6頁の図参照）。とくに非製造業に問題がある（製造業の生産性は，OECD加盟国中7位である）。ここからは，雇用主からの指揮命令の程度が低く，自分で労働時間を操作しやすいホワイトカラーにおいて，非効率な長時間労働が起きているという実態がみてとれる。割増賃金制度がそうした事態の出現に大きく寄与してしまっている可能性は十

分にある。

　実は，日本の労基法の原型である工場法には，割増賃金規制はなかった。また今日でも，欧州の労働時間指令では割増賃金への言及はない。労働時間が短いこと（時短）で有名なドイツでは，20年前から，法律上の割増賃金の義務づけがなくなっている。

　「残業代ゼロ」だから，ホワイトカラー・エグゼンプションが望ましくないという主張は，根本的に間違っているのではないか。むしろ，日本の労働者がもっと効率的に働くためには，「残業代」がないほうがよいのではないか。本書は，このような問題意識のもと，日本の労働時間規制の過去から現在までを振り返り，その課題を明らかにしたうえで，具体的な改革案を提示しようとするものである。

日本の労働生産性

OECD加盟諸国の時間当たり労働生産性（2012年／34カ国比較）

順位	国名	値
1	ノルウェー	86.6
2	ルクセンブルク	79.7
3	アイルランド	71.2
4	米国	64.1
5	ベルギー	61.9
6	オランダ	60.2
7	デンマーク	59.5
8	フランス	59.5
9	ドイツ	58.3
10	スイス	55.1
11	スウェーデン	54.7
12	オーストリア	53.7
13	オーストラリア	53.3
14	カナダ	51.8
15	スペイン	50.0
16	フィンランド	49.0
17	英国	48.5
18	イタリア	46.7
19	アイスランド	41.7
20	**日本**	**40.1**
21	スロベニア	36.9
22	ニュージーランド	36.6
23	スロバキア	34.7
24	ギリシャ	34.5
25	ポルトガル	34.0
26	イスラエル	33.4
27	チェコ	30.9
28	トルコ	28.9
29	韓国	28.9
30	ハンガリー	28.5
31	ポーランド	28.1
32	エストニア	27.8
33	チリ	27.2
34	メキシコ	19.2
	OECD平均	44.6

単位：購買力平価換算USドル

（公益財団法人日本生産性本部「日本の生産性の動向 2013年版」を一部加工）

第1章

労働時間は，なぜ規制されるべきなのか？

　日本では，女工哀史の時代から今日にいたるまで，労働時間は法的に規制すべきものとされてきた。労働者が長い時間働くと，健康が損なわれるし，近年では，ワーク・ライフ・バランスの観点からも，長時間労働を抑制すべきとされている。

　もっと働いて稼ぎたいと思う人もいるかもしれないが，そういう行動は他人に迷惑をかけることがある。だから，労働時間に関する自己決定は制限されてよい。

　そうだとしても，労働時間規制に違反した雇用主に罰則を科すとか，労働基準監督署が是正勧告するといった強いエンフォースメント（履行確保）の仕組みまで必要だろうか。たかが労働時間なのに，などと言えば叱られるだろうか？

1 自己決定にゆだねてはいけないのか？

労働か，余暇か

　私たちには，みな平等に，時間が与えられている。1日24時間，1週168時間，1年8760時間（うるう年なら，さらに24時間長い）……。これらの時間のなかで，労働に充てられる時間が労働時間である。

　経済学者なら，こう言うだろう。「経済学では，一定の時間から生活に必要な時間を差し引いた残りの時間（総時間）を，人々が余暇時間と労働時間にどのように割り振るかによって労働時間が決まる」（大内・川口2014・162頁）。

　労働と余暇はトレードオフの関係にある。労働者は，労働は苦役であるという意味ではできるだけ避けたいが，収入を得るためには避けることができない。自らの時間のうち，どこまでを労働に充てるかは，自らの資産や所得（金銭的な余裕）と労働のメリット・デメリットの評価の仕方（選好）によって変わってくる。

合理的な労使なら……

　労働者が，自らの判断で，自らに与えられている時間のなかから，労働に充てる時間の長さを決定し，雇用主も，それを受け入れて，合意により一定の労働時間で働く労働契約が成立していれば，法的には何も問題がないといえそうである。

　経済学でも，合理的な労働者は，自らの効用を最大化するような労働と余暇の組み合わせを考えるはずなので，たとえ長時間労働が選択されたとしても，それは労働者の選択の結果と評価され，やはり何も問題がないことになる。

　しかも，長時間労働であっても，健康を害するほどの長さを労

働者は選択したりしないだろう。雇用主にとっても,労働者が健康を害して,生産性が低下するほどの長時間労働をさせることは合理的な行動ではない。このように考えると,労使間で合意された労働時間に規制を加える理由はないといえそうである。

政府の介入が失業を生む？

さらに,「完全競争のもとでは,使用者と労働者の間で市場の調整機能が働き,労働時間や労働者数である労働量と賃金が決定される。そこでは,使用者にとってその賃金で雇いたい労働者と働かせたい労働時間が,その賃金で雇われたい労働者数と働きたい労働時間に等しくなっている」のであり,「労働時間規制があると,働きたい人数や労働時間と雇いたい人数や労働時間が等しくなるように賃金が調整されるということができなくなってしまう」(小畑・佐々木2008・85頁)。つまり,完全競争(労働者も雇用主も賃金を与件として,自由に労働市場に参入したり,退出したりする状況)という前提の下とはいえ,理論的には,労使による労働時間の選択への政府の介入は,失業を生み出すことになる。

ところが実際は,労働時間の規制は,労働法の誕生当初から行われてきた。

2　規制は,どのように展開してきたのか？

戦前の工場法

日本の労働時間規制の歴史を振り返ると,その始まりは,1911年に制定された工場法にある(1916年施行)。同法は,常時15人以上の職工を使用する工場と危険有害事業を対象として,15歳未満の者と女子に対して,1日に12時間を超えて就業させることを禁止していた。ただし,実際には,明文の例外規定に基づき,多く

の労働者が雇用される生糸や輸出絹織物などの産業で，14時間までの就業が認められていた。

上限を超える時間外労働は，天災事変などの場合，不可避の臨時の必要がある場合，臨時の必要がある場合の2時間以内の延長，季節により繁忙な事業において認められていた（⇒第5章4）。ただし，割増賃金の支払義務は課されていなかった。

ちなみに，1919年のILO1号条約（工業的企業に於ける労働時間を1日8時間かつ1週48時間に制限する条約）では，時間外労働には25パーセント以上の割増賃金が定められていた。しかし，日本の工場法は，その後の改正でも，割増賃金義務を導入しなかった。その導入は，労基法の制定を待たなければならない。

その後，工場法は1923年の改正により，適用範囲が拡大され，就業時間の上限は1日11時間に短縮された（ただし，一部の業務では12時間までの就業が認められた）。1938年には商店法が制定され，工場以外でも最長就業時間規制が導入された。さらに，1939年に制定された工場就業時間制限令は，16歳以上の男子職工を適用対象として，1日の就業時間の上限を12時間と定めた。

労基法の制定

第2次世界大戦後（以下，戦後）の1947年に制定された労基法は，戦前の法律を継承しながら，適用事業や適用対象者の制限を基本的に撤廃した包括的な保護法として誕生した。労働時間についても，1日の法定労働時間を8時間とし，1週は48時間とした。それを超える時間外労働は，工場法のように事由を限定するのではなく，労使協定（後述）が締結され，行政官庁に届出がなされれば，とくに事由の制約なしに可能となった。その一方で，前述のように，工場法にはなかった割増賃金支払義務を導入した。

1週48時間の例外を可能とする変形制は，4週間単位の変形労働時間制があるだけだった。フレックスタイム制や裁量労働制はなく，全体的にみて，現在の法規制に比べると，かなりシンプルな規定ぶりだった。

1987年の大改正

労基法の労働時間規制の大きな転機となったのが1987年の改正である（1988年4月1日施行）。当時，欧米諸国での日本企業のプレゼンスが急速に拡大するなか，日本企業の労働時間の長さが，不当競争である（社会的ダンピング）としてやり玉に挙げられていた。そこで，欧米先進国並みの労働時間にすることが国策とされ，具体的には年間1800時間労働が目標に掲げられた。

1987年改正により，1週の法定労働時間は40時間とされた（ただし当初は適用猶予で，段階的に移行）。変形労働時間制は，4週間単位が1カ月単位となり，その他に3カ月単位と1週間単位のものが導入され，さらに，フレックスタイム制や，事業場外労働と裁量労働（専門業務型）における労働時間みなし制が導入された（各制度の詳細は，第2章4を参照）。年次有給休暇（年休）は，その最低付与日数は6日から10日へ引き上げられ，所定労働日数が少ない労働者（パートタイム労働者など）にも比例付与されることになり，計画年休制度が導入され，年休取得に対する不利益取扱いが禁止された。

まさに大改正である。

平成以降の改正

その後も，労基法の労働時間規制は何度か修正された。まず1993年の法改正で，1994年4月1日から週40時間制が施行される

こととなり(中小企業への猶予措置が完全になくなるのは,1997年4月1日),3カ月単位の変形労働時間制は1年単位のものに改められ,年休の権利が雇入れから6カ月で発生することになった(従来は雇入れから1年)。

1998年の法改正(1999年4月1日施行)では,新たな裁量労働制として,企画業務型裁量労働制が追加され,年休の取得日数が2年6カ月を超える継続勤務以降は1年に2日ずつの追加付与とされた。また,時間外労働の限度基準(⇒第2章2)に法律上の根拠が与えられ,休憩の一斉付与について労使協定による例外設定が認められ,1カ月単位の変形労働時間制が,就業規則以外に労使協定によっても導入可能とされた。

2003年の法改正(2004年1月1日施行)では,専門業務型裁量労働制の導入の際の労使協定記載事項が追加され(健康・福祉確保措置など),企画業務型裁量労働制の導入要件や手続の緩和などがなされた。

2008年の法改正(2010年4月1日施行)では,1カ月に60時間を超える時間外労働に対する割増率を引き上げる一方,その引上げ分についての代替休暇制を導入し,また,年休の時間単位取得が認められることになった。

制定当初の労基法

制定当初の労基法の第4章「労働時間、休憩、休日及び年次有給休暇」は、今日のような条文の枝番号もなく、シンプルで見やすいものだった。

1	労働時間
	32条1項（1日8時間　1週間48時間）、2項（4週間単位の変形労働時間制） 33条（災害その他避けることのできない事由等の場合の時間外・休日労働）
2	休憩
	34条（一定時間以上の労働の途中での休憩時間の付与、一斉付与、自由利用）
3	休日
	35条（週休制、変形休日）
4	時間外及び休日の労働
	36条（三六協定による時間外・休日労働）
5	時間外、休日及び深夜の割増賃金
	37条
6	時間計算
	38条（労働時間の通算と坑内労働）
7	年次有給休暇
	39条
8	労働時間及び休憩の特例
	40条
9	適用の除外
	41条（管理監督者など）

3　時代と共に変容する規制目的

健康保護と文化生活保護

　工場法における労働時間規制の趣旨は、工場法全体の趣旨がそうだったように、「深刻な様相に陥った職工の肉体的摩滅を防ぐ」ことにあった（渡辺2007）。つまり、一定の脆弱な労働者（年少者と女子）に限定して、その健康確保を図ることが、法の趣旨だった。工場での労働は、どうしても集団的で一律な働き方になりがちであり、成人男性に混じると、年少者や女性にとっては酷なものとなりかねない。そのため、成人男性以外は、とくに保護の必要があったのである。

　戦後の労基法も、このような趣旨を継承してはいるものの、成人男性も含めて適用対象が拡大されたこと、年休に関する規定が導入されたことなどもあり、労働時間規制の趣旨は、より広く「文化生活を保護すること」を目的としたものとなっている（寺本1998・215頁）。

　年少者や女性に対する特別な労働時間規制（時間外労働や休日労働の制限、深夜労働の原則禁止）も残されたため、健康確保という趣旨は、むしろ年少者や女性に対してあてはまるもので、成人男性には、生活保護という目的のほうが、より重要だったとみることもできよう。

国策としての時短

　健康保護にせよ、生活保護にせよ、労基法は、当初、労働者の保護を目的としていた。これと異なる視点を労働時間規制に注入したのが、1987年の労基法改正だった。この改正は、国際的な動向をふまえた、国によるいわば上からの労働時間短縮（時短）政

策を実現することを目的とするものであり，労働者の保護という規制趣旨は後退することになった。この改正を受けて1992年に制定された時短促進法は，年間労働時間を1800時間とする政策目的の実現をめざす時限立法であり，時短政策実現に向けた政府の強い意気込みが感じられる。

　ただ，1987年改正で導入された週40時間という基準は，アメリカやフランスの水準にようやく追いついたとはいえ，罰則付きで厳格な遵守を求める最低基準としては厳しすぎるものだった。週40時間が即時に施行されなかったことも，この水準がもはや最低基準には適していないことの証しといえる。

　政策的に強引に高い水準を定めたことから，そのサンクション（罰則という強い手法での履行確保）が釣り合わない事態が生じた。筆者は，このことが，それまでも不安のあった労働時間規制の実効性を，いっそう弱めることになったのではないかと考えている。

時短政策の終了

　時短促進法は，2004年度に，年間労働時間1800時間という所期の目標をおおむね達成できたとして，その使命を終え，2005年に労働時間等設定改善特措法に置き換えられることになる（2006年4月1日施行）。

　この新法の施行にあたって出された通達（平成18年4月1日基発0401006号）は，新法の制定の理由を，次のように述べている。

　労働時間の短縮は，労働時間が短い者の割合が増加した結果であり，正社員の労働時間は短縮しておらず，全労働者を平均した時短目標は時宜に合わなくなってきたこと，長時間労働に起因した脳・心臓疾患にかかる労災認定件数は高水準で推移していること，急速な少子高齢化や労働者の意識の多様化等が進んでいるこ

ととといった事情を考慮して,「労働時間の短縮を含め,労働時間等に関する事項を労働者の健康と生活に配慮するとともに多様な働き方に対応したものへと改善するための自主的取組を促進することを目的とする法とした」。

労働時間等設定改善特措法の制定は,長時間労働の規制の趣旨が,国の時短政策として進められるのではなく,労働者の多様化が進むなか,再び労働者の健康保護および生活保護という,当初の政策目的に回帰しつつあることを示すものだった。

労働者の多様化に対応した規制の弾力化

この間,1998年の労基法改正でも,すでに,労働者の多様化という観点からの法改正が行われていた。なかでも企画業務型裁量労働制の導入は,その後のホワイトカラー・エグゼンプション導入論と同様,割増賃金を支払わないことを可能とする制度として強い反対を受けるなか,実現したものである。

企画業務型裁量労働制の導入が実現したのは,三六協定(⇒第2章2)による時間外労働の上限を従来の目安から告示に引き上げ(労基法36条2項),その履行のための行政指導に法的な根拠を与える(同条4項)という「交換条件」があったことも影響しているが,それ以上に,企画業務型裁量労働制の導入要件をきわめて厳格にしたことも重要な理由である。企画業務型裁量労働制の導入要件は,2003年の改正で若干緩和されるが,なお厳しいものであり,これが今日のホワイトカラー・エグゼンプション導入論議の遠因となっている。

ワーク・ライフ・バランス論の台頭

　女性の長時間労働に対する規制は，1985年の男女雇用機会均等法の制定にともなう労基法の1985年改正により，年少者とは切り離されて，女性のみの保護規制となり，さらに1997年の男女雇用機会均等法改正（1999年4月1日施行）における男女平等規制の強化にともない，撤廃されることになった。つまり女性に対する時間外労働や休日労働の制限，深夜労働の原則禁止は，妊産婦に対するものを除き撤廃され，労働時間規制は成人に対しては男女共通のものとなった。これは一見すると，女性の健康保護の面では規制の緩和といえそうである。

　たしかに，この後の法律では，形式的には，主たる育児や家族介護を負担する労働者の保護という男女中立的なものに置き換えられるようになる。しかし，実質的な保護の対象は，依然として女性であった。それが，1997年の育児介護休業法の改正（1999年4月1日施行）による深夜労働の制限，2001年改正による，育児や家族介護を行う労働者の時間外労働の免除の導入である。さらに，2009年改正では，3歳未満の子を養育する労働者に対する短時間勤務制度（所定労働時間の短縮）を請求する権利，所定外労働の免除請求の権利が認められている。

　これは，労働者の生活上のニーズを充足するという観点から，労働時間の制限を労働者の権利として保障したものといえる。労働時間規制の主軸が，健康確保から，ワーク・ライフ・バランスへと移行していくことを象徴する動きといえる。

　さらに，2007年12月18日には『仕事と生活の調和（ワーク・ライフ・バランス）憲章』および『仕事と生活の調和推進のための行動指針』が制定されている。そこでは，労働時間への言及もあるが，前者の憲章のなかの「仕事と生活の調和と経済成長は車の

両輪であり，若者が経済的に自立し，性や年齢などに関わらず誰もが意欲と能力を発揮して労働市場に参加することは，我が国の活力と成長力を高め，ひいては，少子化の流れを変え，持続可能な社会の実現にも資することとなる」という言葉にも表れているように，広い政策的観点から労働時間の問題を位置づけようとしている。

また，後者の行動指針では，「健康で豊かな生活のための時間の確保」として，「時間外労働の限度に関する基準を含め，労働時間関連法令の遵守を徹底する」，「労使で長時間労働の抑制，年次有給休暇の取得促進など，労働時間等の設定改善のための業務の見直しや要員確保に取り組む」といった内容が盛り込まれている。労働時間規制は，ワーク・ライフ・バランス政策の一部となったようにもみえる。

2007年の労働契約法の制定（2008年3月施行）でも，国会の審議の段階で，「労働契約は，労働者及び使用者が仕事と生活の調和にも配慮しつつ締結し，又は変更すべきものとする」というワーク・ライフ・バランス条項が追加された（3条3項）。厳密にいうと，法学的には，「仕事と生活の調和（ワーク・ライフ・バランス）」は，労働者に何か具体的な権利を与えるようなものではなく，これは理念的な規定にすぎない。前記の憲章や行動指針も政策の綱領であり，スローガンにすぎない。

ただ，ワーク・ライフ・バランス論の台頭により，労働時間規制の趣旨に，これまでのような量的な制限だけでなく，個人の多様な生活上のニーズにこたえるという質的な改善も含まれるようになる。長時間労働が望ましくない理由の重点が，健康確保よりも，むしろライフ（生活ないし人生全体）の充実のための時間が奪われないようにすることに移行しつつあったのである。

ワーク・ライフ・バランスは、ワークとライフの時間配分を、個人の選択にゆだねるという面がある。そうなると、労働時間を法律により一律に規制しようとする従来の手法は適さなくなる。このことは、育児介護休業法では、労働時間の制限が、雇用主の義務ではなく、労働者が権利として行使した場合の条件付き義務という規制手法になっている点にも表れている。ライフのニーズをどうみたすかは、労働者が決定してよいということである。

「過労死」問題

一方で、労働時間の規制趣旨としての健康確保が、完全に背後に退いたわけではない。いわゆる「過労死」の問題は、1990年代ごろから指摘されていたが、2001年の労災認定基準の見直しにより転換期を迎えた。この見直しにより、長期間による疲労の蓄積から発症した脳・心臓疾患（くも膜下出血、脳梗塞、心筋梗塞など）が労働災害と認められやすくなった。労働時間の長さは、過労死の労災認定において重要な意味を占めるようになったのである。

さらに、2000年の最高裁判決（**電通事件**＜最重判131＞）は、「労働者が労働日に長時間にわたり業務に従事する状況が継続するなどして、疲労や心理的負荷等が過度に蓄積すると、労働者の心身の健康を損なう危険のあることは、周知のところである」と明言した。この事件で、最高裁は、過労自殺について、雇用主に健康配慮義務違反があるとして、その損害賠償責任を認めた。

雇用主に健康配慮義務違反があったかどうかは、裁判となると、労働時間数が重視されることから、雇用主は、その労働時間管理責任（2001年に出された行政通達「労働時間の適正な把握のために使用者が講ずべき措置に関する基準について」（平成13年4月6日基発339号）も参照）をきちんと果たすことが求められるようになった。

予防面では，1999年の労働安全衛生法の改正により，深夜労働に従事する労働者の健康保護のための自発的な健康診断の提出制度が導入され（66条の2），2000年の労災保険法の改正では，定期健康診断で，脳・心臓疾患を疑わしめる異常所見があった場合の，二次健康診断を，労災保険の保険給付として行う仕組みも導入された（26条1項）。

　2005年には，労働安全衛生法の改正により，月100時間以上の時間外労働があった場合における医師の面接指導というシステムが導入された（66条の8）。これまで労働安全衛生法は，健康面では，定期健康診断か，一定のハイリスクの労働者に対する特殊健康診断を義務づけるにとどまっていたが，労働者の同意がある場合に限定されているとはいえ，過労による健康予防に本格的に取り組み始めたのである。

　2007年の労働契約法の制定時には，これまで判例上のルールにすぎなかった安全配慮義務（健康配慮義務を含むと解されている）が，「使用者は，労働契約に伴い，労働者がその生命，身体等の安全を確保しつつ労働することができるよう，必要な配慮をするものとする」という規定として条文化された（5条）。

　2010年には，労基則別表第1の2で列挙されている「業務上の疾病」のリストのなかに，新たに「長期間にわたる長時間の業務その他血管病変等を著しく増悪させる業務による脳出血，くも膜下出血，脳梗塞，高血圧性脳症，心筋梗塞，狭心症，心停止（心臓性突然死を含む。）若しくは解離性大動脈瘤又はこれらの疾病に付随する疾病」（8号）が追加された。長時間労働による脳・心臓疾患が，医学的知見によって職業病として認められたということである。

　このように，長時間労働による健康障害は，労災補償や民事事

件の損害賠償事件で,業務との関連性が肯定され,それにともない,労働時間の長さを目安にして,労働安全衛生法などによる予防措置も講じられるようになってきた。

これに加えて,精神的な健康という問題が浮上していることも,今日の特徴である(⇒第3章3)。

労基法の労働時間規制の意義の変容

ここまでみてきたように,現在の労基法の労働時間規制(詳細は,第2章)は,法定労働時間を軸とした上限規制を,形の上では軸としている。規制対象は,年少者や妊産婦に対する特別な保護は残っているものの,基本的には労働者一般(成人男女)に対する共通のものとなった。

しかし,政策的な観点から水準を引き上げた法定労働時間(週40時間)は,労働者の健康確保という観点からみて必要最低限の水準ではない厳しすぎるものである一方,時間外労働の厳格な上限規制がないことなども考慮すると,労基法の労働時間規制は,健康確保という当初の趣旨からとらえるのに適さないものとなってきている。

そもそも,健康確保という趣旨からは,労働時間規制は間接的なものである。そのためもあり,近年は,より直接的に健康確保を目的とした,労働契約法上の安全(健康)配慮義務論や労働安全衛生法上の予防措置が重視されるようになっている。

また,ワーク・ライフ・バランス論の台頭は,労働時間規制の根拠として生活保護という観点を復権させたにとどまらず,そこに「個人の権利」という面を強調する効果があった。育児介護休業法が,前述のように,労働時間の短縮に関係する多様な「権利」を個人に付与していること,また年休権のように元来個人の

権利とされているものの重要性が再強調されるようになったことも，ワーク・ライフ・バランス論と連動している。

このように，労基法の労働時間規制をとりまく状況に変化があり，その規制の意義は変容しつつあるとはいえ，（ホワイトカラー・エグゼンプションのような部分的な適用除外の議論はあるものの）この規制を撤廃しようとする議論があるわけではない。

🌱 補論　時短とワークシェアリング

労働時間の短縮は，雇用創出という雇用政策目的で主張されることもある。2000年に導入されたフランスの週35時間制度は，ワークシェアリングを狙ったものだった。

また，1970年代から高失業率に悩まされていたオランダは，1982年に，「ワッセナー合意」と呼ばれる政労使の三者間の協定をかわし，政府は，企業に対して，減税等を行い，雇用促進のための措置を講じ，労働組合は賃金の引下げに同意し，それと引替えに，企業は，労働時間を短縮するが雇用は維持するという内容の合意がなされた。このオランダの取組みは，パートタイム労働者の地位を向上させることによって，労働時間の短縮とそれにともなう仕事の分かち合いを促進したものといえる。

日本でも，2000年代に入ってから，ときおり，ワークシェアリングの議論が出てくることがあった。とくに2002年3月に，政府と日本経営者団体連盟（日経連。現在の日本経団連）と日本労働組合総連合会（連合）が発表した「ワークシェアリングに関する政労使合意」には，「ワークシェアリングの取り組みに関する5原則」のなかの第1原則として，「ワークシェアリングとは，雇用の維持・創出を目的として労働時間の短縮を行うものである。我が国の現状においては，多様就業型ワークシェアリングの環境整備に早期に取り組むことが適当であり，また，現下の厳しい雇

用情勢に対応した当面の措置として緊急対応型ワークシェアリングに緊急に取り組むことが選択肢の一つである」とされていた。「多様就業型ワークシェアリング」は，オランダ型をモデルとしたものである。

しかし，ワークシェアリングという政策目的は，「できるだけ多くの人と仕事を分かち合おう」という言い方をされれば批判しにくいものであるものの，労働時間を短縮して賃金を引き下げることによって，雇用を創出するための具体的な政策として提示されると，反対する労働者は少なくなかろう。

もちろん，時短が進むと，結果として，雇用創出がなされることは考えられる。しかし，経済学者の川口大司氏らの研究によれば，1987年の法改正以後の時短政策は，「法定労働時間の減少は確かに実労働時間を減少させたものの，新たな雇用を作り出すことにはつながらなかった。それどころか実労働時間の減少に月給の減少がともなわず時間当たりの賃金は上昇してしまったため，企業は何とか雇用量を減らそうと新卒採用者を抑制することで対応したことも明らかになった」とされる。

そして，法定労働時間が減少したとき，実労働時間は減少するものの，月給の減少がともなわず，時間当たり賃金が上昇してしまうのは多くの国でみられる現象であるとし，加えて，雇用が増えるとしても，複数で分割することが容易な仕事や，固定費用のかからない仕事が限られていることもあって，時短によるワークシェアリングがうまく機能している国はあまりない，とされている（大内・川口2014・168頁）。

いずれにせよ，ワークシェアリングを労働時間規制の目的とすることは，深刻な不景気で失業者があふれているというような極限的な状況における「緊急対応型ワークシェアリング」しか考えられないのではなかろうか。

以上のこととは別に，短時間勤務の正社員が増えるなど，多様

> な就業形態が増加すると，それがワークシェアリングの実現に結びついていくことはあるかもしれない。このことは，ワーク・ライフ・バランス促進政策が，ワークシェアリングを進める効果をもつことを示唆している（小倉2008も参照）。

4 労働時間規制は，理論的には，どのように正当化されるのか？

　労働時間規制の趣旨を，健康確保に求めるにせよ，ワーク・ライフ・バランスに求めるにせよ，それを実現するために，労基法という法的仕組みを用いることが妥当であるかについては慎重な検討が必要である。以下は，やや理屈っぽい話となるが，少しおつきあい願いたい。

強力なエンフォースメント

　法律による規制という場合でも，実はその手法は多様である（山川2013）。具体的には，規制を遵守させるためのエンフォースメント（履行確保）の手段にどこまで強制力があるか，それと関係して，規制に違反した場合に，どのようなサンクション（制裁）があるかが重要となる。労基法は，規制違反に対して罰則が科されるほか，是正勧告などの行政指導もある。さらに，労基法が規定する労働条件については，労働者は権利として主張することができ，雇用主がそれに応じない場合には，裁判所を通して権利の実現を図ることもできる。

　これについては，労基法の付属法である最低賃金法の例がわかりやすいので，以下，具体的に説明する。東京都の最低賃金は，2014年10月1日以降時給888円である（毎年改訂される）。もし，

東京都において，雇用主が，ある労働者に対して時給850円しか支払わなかったとすれば，最低賃金法違反となって，故意の違反であれば，50万円以下の罰金に処される。また，最低賃金法の遵守は，労働基準監督官などによる行政監督の対象となる。さらに，最低賃金を下回る内容の賃金を合意しても，その合意は無効となり，無効となった部分は最低賃金と同様の定めをしたものとみなされるので，最低賃金額は労働者が権利として主張できる。

このように，罰則，行政監督，裁判所での権利実現の3つが，エンフォースメントの手段としてセットになっているのは，労働法のなかでも珍しく，労基法や最低賃金法くらいでしか見られない。両法は，それだけ，強力なエンフォースメントの手段をもっているのである。

法学的根拠—自己決定の限界論—

ところで，本章1でみた，労働者の労働時間の長さについての自己決定は尊重されるべきとする考え方へは，法学上は，2つの観点から反論がありえる。

第1は，労働者は，自らの労働時間について，そもそも真の意味での自己決定をしていないのではないか，第2は，労働者が自己決定をしているとしても，それにより他人の権利や利益を侵害しているので，尊重できないのではないか，である。

第1の，労働者がそもそも自己決定しているのかという点については，労働者の従属性という観点から，労働契約の内容に関する労働者の自己決定には常に懐疑の目を向けなければならないという考え方が労働法学では根強く存在している（西谷2004など）。ここには，労働者をアプリオリに従属的な存在ととらえて，労働法の議論を展開していくべきとする，伝統的な労働法の議論の特

徴がみられる。たしかに，多くの労働者は従属的な状況にあるといってもよいだろう。しかし，労働者の従属性はアプリオリなものではなく，一定の外的な要因（情報の少なさなどに起因する交渉力の欠如など）によってもたらされるものであり，従属性の要因がなければ，むしろ労働者の憲法（13条）上の権利でもある自己決定権を尊重する必要がある。

ただ，かりに従属性がないとしても，労働者が自らの健康を害するような事項にまで自己決定権が及ぶのかは問題となりうる。たとえば自殺は自己決定権の行使として許されるかは難問である。少なくとも生命に関しては，自己決定権の制限は正当化されるとする考え方も有力である（パターナリズム）。しかし，たんなる健康被害も，生命に準じて，自己決定権の制限を論じることができるとまではいえまい。生命の場合には，いったん喪失した場合には回復可能性がないところに，パターナリズムが介入する根拠がある。健康被害は，重篤な後遺症が残ったり，あるいは自殺につながるような場合に限定して，パターナリズムにより，自己決定権の制限を正当化できると解すべきだろう。

これと区別すべきは，労働者が「仕事中毒（ワーカホリック）」になっている場合である。この場合には，そもそも労働者が合理的な判断ができなくなっている。こうした状況での自己決定は尊重できないのが原則である。ただ，中毒状況下での自己決定が合理的でないとしても，そうした状況に陥ることについては自己決定があったとするならば，パターナリズムによる介入が正当化できるかは難問となる。ワーカホリックの問題は，むしろ，次にみる他人の権利や利益を侵害するかという観点から論じたほうがよいだろう。

では，第2の反論としての，労働時間に関する自己決定は，他

人の権利や利益の侵害をもたらす場合には,尊重されるべきではないという点はどうだろうか。

たしかに,労働者が長時間労働すると,それによって家庭での生活時間が短くなるという形で家族の利益を侵害する可能性はある。また,過労によって健康障害となると,それを看護しなければならない家族の経済的負担や人的負担を高めることにもなる。さらに,健康障害は,労災保険や健康保険の財政にも影響を及ぼすことになり,それは潜在的には,他の人の保険料負担(その負担者が企業であれば,製品価格への転嫁などにより一般国民の負担)を増している可能性もある(労災保険であれば,労災事故の実績を保険料に反映させるメリット制により雇用主が負担することもあるが,それも転嫁可能である)。このほか,上司が残業をいとわず長時間労働する人だった場合には,部下もそれに引きずられ,その生活上の利益を侵害される可能性もある。

このようにして侵害される他人の利益のすべては,必ずしも法的な権利として明確に保障されているものではないが,自己決定の範囲を議論する場合には,そうした他人の利益がどこまで侵害されているかを考慮に入れるべきだろう。

経済学的根拠―市場の失敗―

経済学者によると,労働時間の規制は,労働市場が不完全な場合には正当化されるとする。その例の一つとして挙げられるのが,「負の外部性」である。「負の外部性」がある場合とは,市場を通さないコストが発生しているため,コストを度外視した過剰な取引がなされてしまい,効率的な資源配分を害するおそれがある場合を指す。労働時間においても,こうした「負の外部性」がある場合として,次の3つの場合が挙げられている(小畑・佐々木

2008・86頁)。

　第1に，使用者が，利潤最大化のために，労働者に長時間労働を求めることにより，その労働者がストレスを抱えて，同僚や部下を相手に発散させたりすることによって，その同僚や部下の生産性を下げてしまう場合。

　第2に，労働者本人が長時間労働を選んでいたとしても，家庭での時間が減ったことによって，労働者の家族の満足度が低下しているかもしれない場合。

　第3に，労働者がワーカホリックになって，合理的な行動をとることができない場合。たとえば，ワーカホリックの労働者が上司になると，上司よりも先に帰りにくい部下にとっては，長時間労働を強要されてしまう。

　このようにみると，経済学の「負の外部性」の議論は，法学における自己決定の限界論（他人の利益の侵害という観点からの制約論）と重なり合う部分が多い。

　ただ，第1の場合と第3の場合については，合理的に行動する雇用主であれば，自ら回避するはずであるともいえる。つまり，ある労働者が長時間労働し，それによって本人の生産性が下がったり，周りの同僚や部下の従業員の生産性が下がったりするのであれば，労働に関する指揮命令権は経営者にあるので，それほどの長時間労働をさせないように指揮命令するはずである。

　また，いわゆる評判のメカニズムにより，機会主義的な行動（短期的な利益を重視した行動）をとることも難しい。今日では，「ブラック企業」とのレッテルは，企業にとって大きなダメージを与え，商品の売行きや良い人材を集めることなどに支障が生じる。その意味でも，過度に長時間労働させることは合理的ではない。

回避できない「負の外部性」

　ただ，第2の家庭生活への不利益については，その労働者や周囲の労働者の生産性に直接影響するものではないので，企業の指揮命令による対処を期待するのは難しいかもしれない。実際，日本の企業の多くは，労働者が，その生産性を落とさない程度の長時間労働をさせることによって，家庭生活の犠牲を強いてきた可能性がある。

　もっとも，労働者の家族は，純粋な外部の者とはいえず，長時間労働の指揮命令に応じる労働者の利益は，家族の利益と一体とみてよいともいえる。むしろ，家庭生活上の不利益の問題は，労働者本人のワーク・ライフ・バランス論と合わせて論じることが可能であり，したがって，後述のように（⇒本章5），労働時間そのものの規制ではなく，休暇などに関する個人の権利の付与という形で対処すべきものといえるだろう。

　一方，ワーカホリックによる「負の外部性」については，たしかに，経営者の指揮命令権により回避できそうであるが，ホワイトカラーのなかには，仕事の進め方について裁量があり，経営者の指揮命令が弱く，労働者に実質的に労働時間の決定権があるとみられるような場合もある。このような場合には，後述のように，割増賃金の長時間労働の促進機能が働いてしまうこともある（⇒第8章1）。ワーカホリックとなるのがホワイトカラーに多いのは偶然ではなかろう。ワーカホリックは，企業の人事管理によって対処できる部分もあろうが，ある程度の地位にたつ労働者であれば，その働き方に十分なコントロールを及ぼすことが難しいこともある。このような場合には，ワーカホリックの「負の外部性」という観点からの法規制は正当化されることもあろう。

経済的合理性のある長時間労働

このほか，企業にとって，ある程度の長時間労働が経済的に合理的であることもある。その理由の一つは，固定費の存在である。一定の生産量を維持するために必要な労働量は，「人数×労働時間」で計算されるが，固定費が生じることから，人を増やすよりも，労働時間を長くするほうが合理的であることが多くなる。さらに，解雇規制がある国では，人数の調整は困難なので，景気が良いときでも，その後の景気の悪化に備えて，人数を増やさずに労働時間を長くする傾向がみられる。

こうしたことから，長時間労働による生産性の低下や労災のリスクの増大などを考慮したとしても，なお長時間労働を選択する企業が増えてもおかしくはない。雇用調整の容易な非正社員（有期雇用労働者，派遣労働者など）の活用への規制が強まれば（労働契約法18条，労働者派遣法など），いっそう，このことはあてはまる。

一方，労働者にとっても，低所得であれば，長時間労働をいとわないようになるし，割増賃金があれば，いっそうそうなるであろう。

このような長時間労働は，経済学からみても合理性がある。しかし，この場合にも，やはり労働者の健康確保の問題があり，それを考慮すると，長時間労働の規制が必要という議論が出てくる。そこには労働者に対するパターナリズムもあるが，むしろ，労働力が摩耗し生産性が低下することがもたらす，日本経済の将来への悪影響の回避という視点のほうが重要である。

この点で参考となるのは，前記の『仕事と生活の調和（ワーク・ライフ・バランス）憲章』が，ワーク・ライフ・バランスについて，「我が国の活力と成長力を高め，ひいては，少子化の流

れを変え，持続可能な社会の実現にも資する」と述べている部分である。ワーク・ライフ・バランスは，短期的な問題というよりも，日本の活力や成長力といった日本経済の将来に関係する点で，政府は無関心ではいられないということである。工場法時代も，長時間労働が労働者（当時は，年少者と女子）の肉体の摩耗を防止することが，法律の目的とされ，それが規制の正当化の根拠となっていた（前述）が，そのことは今日でも根本的には変わっていない。

5 労基法による規制は適切か？

ただ，労働時間の規制に正当化根拠があるとしても，それを強いエンフォースメントの仕組みをもつ労基法を活用して行うのが適切であるかについては，なお検討の余地があろう。

第1に，規制の根拠として，ワーク・ライフ・バランス論が重視されるようになると，労基法の強いエンフォースメントが不適合となる可能性がある。ワーク・ライフ・バランスをどのように実現するかは，個人のライフスタイルや価値観などに左右される部分が大きい。そうすると，労働時間規制においても，そうした労働者の選択を重視することが求められるようになる。

歴史的には，日本の労働時間規制は，年少者や女子といった特定のカテゴリーの労働者を一括りに弱者ととらえ，集団的な規制を及ぼしてきた。その規制モデルは，労基法制定後も維持されたが，広く成人男女が共通の規制対象となっている今日，多様な労働者のニーズに基づく規制を集団的に行うことは妥当性を失いつつある。育児介護休業法における労働時間規制は，労働者に権利を付与するという形でなされていることからもわかるように，ワーク・ライフ・バランスを重視すると，労働時間規制は，雇用

主に直接義務づけをするよりも，労働者に権利を付与する手法のほうが，適合的といえる。

権利付与という手法は，労基法のなかでも年休（あるいは産前休業）で採られてきたものである。ワーク・ライフ・バランスの観点からの労働時間規制は，「働くこと」を制限する規制よりも，「休むこと」を労働者に「権利」として付与する規制に転換することを求めるものといえよう（⇒第8章）。

第2に，健康確保という目的との関係でも，現在の労基法の規制手法が適切であるかに疑問がある。前述のように，労働者にとっての長時間労働の選択を合理的なものとする可能性があるものとして，割増賃金という制度がある。労基法が，割増賃金を義務づけていることが，かえって長時間労働を促進する効果をもっている可能性があるのである。

さらに，そもそも労基法の強いエンフォースメントの仕組みが，実際に活用されているのか，という疑問もある。すでに指摘したように，政策的に厳しい水準に設定された法定労働時間があることがかえって，規制する側の者（行政など）にとって強いサンクションを発動しにくくなり，労基法の実効性を弱めているという推測が可能である。

以上，労働時間を法的に規制することの意味について，さまざまな角度から分析してきた。次章では，日本の法律が，実際に，どのように労働時間を規制しているのか，詳しくみていくこととしよう。

第2章

日本の労働時間規制は、どのようなものか？

　日本の労働時間規制のポイントは、1週40時間、1日8時間の法定労働時間を厳格に遵守させることにある。それを超える時間外労働は、労働者の過半数代表との三六協定の締結をして、それを労働基準監督署に届け出なければ認められない。

　ただ、法律は、時間外労働をどのようなときにさせてよいのか、どのくらいの長さまで認めるか、これらをすべて三六協定にゆだねている。過半数代表は、とても信頼されているのである。その一方で、割増賃金の支払いを雇用主に義務づけた。三六協定が締結されて時間外労働をさせてよいときでも、割増賃金が免除されるわけではない。

　よくできている法制度だと思うが、今日の感覚では、法定労働時間なんて守れっこない、過半数代表はそんなに信頼できるのだろうか、というような疑問を禁じ得ない。労基法は、ちょっと理想に走りすぎたのかもしれない。

1 法定労働時間とは何か？

日本の憲法は、「賃金、就業時間、休息その他の勤労条件に関する基準は、法律でこれを定める」と規定している（27条2項）。「就業時間、休息」に関する基準を法定することは憲法の要請なのである。

労基法32条

こうした基準を設定するのが労基法であり、その基本にあるのが、32条の法定労働時間の規定である。

同条は、その1項で、「使用者は、労働者に、休憩時間を除き1週間について40時間を超えて、労働させてはならない」とし、2項で、「使用者は、1週間の各日については、労働者に、休憩時間を除き1日について8時間を超えて、労働させてはならない」と定めている。つまり、法定労働時間は、1週40時間、1日8時間である。

「休憩時間を除き」とされているので、40時間、8時間は、拘束時間の規制でないことは明確である。これは労基法の制定当初、拘束時間としての8時間規制を主張していた労働側と、当時の現状をふまえた9時間規制を主張する経営側の間をとって、実労働時間を8時間とする規制が採用されたことによる。政府は、経営側に8時間労働を受け入れさせるために、時間外労働について事由制限をしない規制（軟式労働時間規制）を認めた。しかし、これが、日本の労働時間規制を大きくゆがめることになる（後述）。

法定労働時間違反の制裁

　労基法の法定労働時間の規制に違反した「使用者」には、懲役6カ月以下、または30万円以下の罰金の罰則がある（119条1号）。そこでいう「使用者」とは、雇用主（事業主）だけではなく、「事業の経営担当者」（役員など）と「その他その事業の労働者に関する事項について、事業主のために行為をするすべての者」も指す（10条）。労働者でも、人事部長や総務部長といった地位にある者は、後者のカテゴリーの「使用者」に該当するとして、罰則の対象者となる。

1987年改正のインパクト

　労基法制定当初（1947年）は、1週の法定労働時間は48時間だったが、1987年の法改正で40時間とされ、猶予期間を経て、1997年から全事業場で実施されている（ただし、常時10人未満の労働者を使用する商業、映画・演劇業（映画製作事業は除く）、保健衛生業、接客娯楽業の場合は、1週の法定労働時間の上限は特例で44時間である（労基法40条、労基則25条の2））。

　この1987年改正は、1週の法定労働時間を40時間に引き上げただけでなく、これを1項とし、1日の法定労働時間を2項にずらしたことにより、週40時間が原則であることを、規定上も明らかにした。ただ、週40時間は、第1章でも述べたように、もはや最低基準とはいえない水準である。これを法定労働時間として、罰則で強制することとしたことが、日本の労働時間規制をめぐる議論（とくに上限規制のあり方）を混迷させる原因の一つとなっている。

2 法定労働時間の例外としての時間外労働

軟式労働時間規制

　法定労働時間を超えた労働を「時間外労働」という。時間外労働は、法定労働時間に反するものなので、原則として違法である。

　もちろん、日本でも、工場法時代から、例外的に時間外労働が認められており、労基法もそれを引き継いだ。ただ、時間外労働の規制の手法は大きく変わった。それは、工場法時代は、時間外労働事由を限定する硬式労働時間規制だった（⇒第1章2）が、労基法では、そうした限定がなくなった。軟式労働時間規制の導入である。

　労基法は、まず、工場法時代から認められていた時間外労働事由のうち、「災害その他避けることのできない事由によつて、臨時の必要がある場合」（非常事由による場合）は、労働基準監督署長の許可を得たうえで時間外労働（および休日労働）が認められるとしている。事態急迫のために労働基準監督署長の許可を受ける暇がない場合は、事後に遅滞なく届け出れば時間外労働（および休日労働）を行わせることができる（労基法33条1項）。届出を受けた労働基準監督署長は、時間外労働（または休日労働）を不適当と認めるときは、事後に、その時間に相当する休憩または休日を与えるよう命じることができる（同条2項）。

　このような非常事由による時間外労働は、労働時間規制が強い国（ドイツなど）でも認められている。ただ、日本法では、この規定は、時間外労働が例外的に認められる事由を定めたという意味はない。時間外労働は、三六協定の締結や届出があれば、事由の限定なく、行うことができるからである。したがって、軟式労働時間規制の国である日本における労基法33条の意義は、三六協

定の締結なしで時間外労働が可能なことにある。

三六協定とは？

　日本では，時間外労働についての事由を制限せず，どのような場合に，どの範囲まで時間外労働を認めるかを，三六協定という労使協定にゆだねている。労基法36条で規定されているので，このように呼ばれる三六協定は，過半数代表と使用者との間で締結され，雇用主が，それを労働基準監督署長に届け出ていれば，時間外労働をさせても労基法違反とはならず，罰則は適用されない。このため，三六協定には「免罰的効力」があるといわれる。

　三六協定の締結主体である過半数代表とは，その事業場において労働者の過半数を組織する労働組合があればその労働組合（過半数組合），また，そのような労働組合がないときには，労働者の過半数を代表する者（過半数代表者）を指す。中小企業などでは，労働組合が存在していないことがほとんどで，過半数代表者が選出されている。

　労基法の制定当初，三六協定の締結主体として想定されていたのは労働組合だった。時間外労働について，白紙委任のような形で労使の管理にゆだねた労基法は，労働者側の代表としての労働組合に，かなり大きな信頼を置いていたとみざるをえない。

　たしかに，戦後の労働組合組織率のピークは1949年の55.8パーセントであり，労基法制定時の1947年は，労働組合を，労働者の代表者とすることに現実性があった。過半数という要件をかけたのは，民主的な代表という発想が入ったからである。その一方で，過半数代表者については，あまり議論がなかったようである。過半数代表者は，法律の規定の文言どおり，過半数組合がない場合の補充にすぎず，その労働者代表としての適格性といった，後に

問題となる論点は意識されていなかったようである。

限度時間の格上げ

　法律上は、三六協定で定めることができる時間外労働の時間数に制限はなかったものの、行政指導の際の目安時間はあった。これが、実務的には時間外労働についての上限機能をもっていた。

　その後、企画業務型裁量労働制が導入された1998年の労基法改正の際、「交換条件」として、時間外労働規制の強化を図るために、目安時間とそれによる行政指導に、法的な根拠が与えられることになった（36条2項～4項の新設）。

　それが「労働基準法第三十六条第一項の協定で定める労働時間の延長の限度等に関する基準」（平成10年12月28日労働省告示154号）（限度基準）であり、そこで三六協定で定めることができる時間外労働の上限（限度時間）が明記された。

告示で定められた限度時間

期間	限度時間
1週間	15時間
2週間	27時間
4週間	43時間
1カ月	45時間
2カ月	81時間
3カ月	120時間
1年	360時間

　この法改正により、日本において、時間外労働の上限が定められたようにもみえる。ただ、ここで採用された規制手法には、次のような特徴があった。

第1に，限度時間は，労基法の条文として規定されているのではなく，労基法に基づいて労働大臣（当時）が策定する告示において定められているにすぎなかった。これは，限度基準については，第1章でみたような労基法の強いエンフォースメントの仕組みが適用されないことを意味している。

　第2に，第1の点とも関係し，労基法は，この限度基準について，労使が三六協定を締結するにあたり，その限度基準に適合したものと「なるようにしなければならない」と規定するにとどまっている（36条3項）。「しなければならない」という文言を意識的に回避し，限度基準には厳密な意味での強制力が生じないようにしている。たとえば，1カ月の限度時間である45時間を超える時間外労働を三六協定で定めることは，限度基準に違反するが，それが法的に無効となるわけではなかった。

　第3に，その代わり，行政官庁（労働基準監督署長）が，限度基準に関して，三六協定を締結する労使に対して，必要な助言や指導を行うことができるものとされた（同条4項）。限度基準の遵守は，これまでどおり，行政指導により実現していくということである。

　第4に，この限度基準には例外があることである。つまり，限度基準は，絶対的な上限ではない。「特別条項付き協定」を締結すれば，限度時間を超えて労働時間を延長しなければならない特別の事情がある場合に，限度時間を超えて働かせてもよいことになっている。2003年の改正で，「特別の事情」は「臨時的なものに限る」とされ，通達では「一時的又は突発的に時間外労働を行わせる必要があるものであり，全体として1年の半分を超えないことが見込まれるもの」とされている。

　「特別条項付き協定」による場合は，時間外労働の上限に関す

る基準はない。つまり縛りとなるのは，臨時の特別事情の有無だけである。

このようにみると，限度基準の上限としての効果は，あまり強くない。このことは，日本法では，労基法の1998年改正後も，労働時間の「絶対的上限」が実質的には存在していないことを意味している。

> **解説　時間外労働の制限**
>
> 三六協定の締結があっても，特定のカテゴリーの労働者には，時間外労働が制限されている。
>
> 第1に，年少者（満18歳に満たない者）には，時間外労働をさせることはできない（労基法60条1項。非常事由によるものは例外である）。年少者は，工場法時代から，特別な保護の対象とされてきた。なお，満15歳以上で18歳に満たない者は，1週40時間の範囲内で，ある1日の労働時間を4時間以内に短縮する場合には，他の日の労働時間を10時間まで延長することができる（同条3項1号）。
>
> 第2に，妊産婦（妊娠中の女性および産後1年を経過していない女性）から請求があった場合には，時間外労働をさせることはできない（労基法66条2項）。休日労働や深夜労働も同様である（同条2項および3項）。女性に対する特別な保護が，1997年改正で撤廃された後も，妊産婦に対する保護は残った。
>
> 第3に，小学校就学の始期に達するまでの子を養育する労働者は，1カ月24時間，1年150時間を超える時間外労働を拒否することができる（育児介護休業法17条1項）。ただし，事業の正常な運営を妨げる場合は別である。要介護状態にある対象家族を有する労働者も同様である（同法18条）。
>
> 第4に，3歳までの子を養育する労働者が請求すれば，所定労

働時間を超える労働をさせることができなくなった（同法16条の8）。この場合も，事業の正常な運営を妨げる場合は別である。

　第3と第4は，第1章でも触れたように，労働時間の規制を成人男女に対しては共通にしたあと，ワーク・ライフ・バランスの観点から，とくに生活上のニーズのある者に限定して，保護を認めたものである。第1の場合とは異なり，労働者の保護は，労働者が権利として行使した場合に認められるものであり，しかも第2の場合と異なり，事業の正常な運営を妨げる場合は行使できないという点に特徴がある。

残業≠時間外労働

　ところで，ここまで使われてきた時間外労働という言葉は，世間でよく用いられる「残業」と必ずしも同義ではない。時間外労働は，労基法の定める法定労働時間を超える労働を指し，1日の実労働時間が8時間を超えたところ，または1週の労働時間が40時間を超えたところで認められるものである。

　一方，残業は，明確な定義があるわけではないが，一般的な用語法では，就業規則で定められている勤務時間（これを，所定労働時間という）を超えた労働を指す。休憩時間を除く所定労働時間が法定労働時間と同じ1日8時間であれば，残業イコール時間外労働となるが，所定労働時間が法定労働時間よりも短い場合には，残業があっても時間外労働とならないことがある。

　たとえば，就業規則で定められた始業時刻が9時，休憩が12時から1時，終業時刻が17時だったとすると，この規定どおりに勤務すると労働時間は7時間となる。そうすると，17時以降に残業をしても，18時までは労働時間は8時間を超えていないので，法的には時間外労働が発生しないことになる。したがって，三六協

定の締結・届出がなくても，18時まで働かせることは労基法上の問題は生じない。しかし，残業が18時を超えると，1日の労働時間が8時間を超えて時間外労働が発生するので，三六協定の締結・届出が法律上の義務となるし，割増賃金の支払いも同様に法律上の義務となる。

あるいは始業時刻よりも1時間早い8時に出勤を命じられた場合，その労働者が，そのまま普通に働くと，17時で労働時間は8時間に到達することになる。この場合は，17時以降の残業を命じれば，ただちに時間外労働が発生することになる。

要するに，労基法上は，就業規則の規定に関係なく，その労働者の1日の労働時間のトータルが何時間であるかが重要なのである。それが8時間を超えないかぎりは，労基法の規制は及ばないが，8時間を超えると，労基法の規制が及んでくる。

なお，厚生労働省の「平成26年就労条件総合調査」によると，1日の所定労働時間は，1企業平均は7時間43分，労働者1人平均は7時間44分となっており，法定労働時間より若干短い。

3　割増賃金とは？

割増賃金は法的な義務

労基法は，時間外労働に対して，事由を制限せず，時間数の上限も規定しなかったが，その一方で，割増賃金の支払いを義務づけた（37条）。工場法にはなかった割増賃金規制であるが，労基法制定時は，ILO1号条約の規定（⇒第1章2）や，アメリカ法において，週40時間超で50パーセント以上の割増賃金規制があることなどから，比較的すんなりとその導入が認められたようである。議論があったのは，割増率をアメリカ法のように50パーセントにするかどうかだった。

時間外労働は，違法な時間外労働に対するペナルティという意味がある。ただ，それは三六協定の締結・届出によって「合法」とされたとしても，課されなくなるものではない。経営者のなかには，割増賃金は，三六協定に基づき合法的に行われなかった時間外労働に対するペナルティとして支払いが義務づけられていると誤解して，三六協定をきちんと労働基準監督署長に届け出ているのだから，割増賃金まで支払う必要がないと思っている人もいる。しかし，これは誤解であり，合法とされても時間外労働に対するペナルティは免除されないのである。

労基法37条は，割増賃金の支払義務は，「使用者が，……前条第1項の規定により労働時間を延長し……た場合において」発生すると定めている。つまり，36条1項の三六協定により時間外労働をさせた場合に，使用者に割増賃金の支払義務を課しているのである。法律上は，むしろ，三六協定の締結・届出のない違法な時間外労働については，割増賃金の支払義務を規定していない。その場合は，罰則が科されるので，その制裁だけで十分という解釈もありうるが，判例は，違法な時間外労働の場合には，罰則だけでなく，割増賃金の支払義務もあると解釈しており，実務上もそのように取り扱われている。

三六協定の締結が必要である非常事由による時間外労働の場合（同法33条）も，やはり割増賃金の支払いは義務づけられる。

割増賃金の支払義務に違反した場合にも，違法な時間外労働をさせた場合（法定労働時間に違反した場合）と同様，懲役6カ月以下，または30万円以下の罰金が科される（同法119条1号）。

また，割増賃金の未払いがあるときには，労働者からの請求があれば，裁判所は，その未払い分と同じ額の支払いを命じることができる（同法114条）。これを「付加金」という（同法20条の解雇

予告手当，26条の休業手当などの未払いがあった場合にも命じられる）。つまり倍額の支払命令である（ただし，事情によっては，減額されたり，支払いが命じられなかったりすることはある）。付加金は，違反行為があったときから2年を経過すれば請求できなくなる。

以上のように，労基法は，時間外労働に対して，雇用主に割増賃金の支払いを義務づけることにより，長時間労働のコストを高くし，それにより労働時間を抑制しようとしている。時間外労働の事由や上限設定については，三六協定に全面的にゆだねた労基法だが，割増賃金については，法律上の義務とした。三六協定による時間外労働のチェックが機能不全になっていくなか，割増賃金の規制が，時間労働規制において重要な地位を占めるようになってくる（⇒第5章）。

割増率

雇用主は，時間外労働をさせた労働者に対して，「通常の労働時間……の賃金の計算額」の所定率（割増率）で計算した割増賃金を支払わなければならない（労基法37条1項）。労基法で明文で義務づけられているのは，割増賃金だけであるが，それは当然のことながら，通常の賃金に加えて支払うという意味である。時給1000円の労働者が時間外労働をした場合には，その時給1000円（通常賃金）とそれに割増率を加えて計算された賃金（割増賃金）を，雇用主は支払わなければならない（なお，労基法37条が罰則付きで義務づけているのは，割増賃金部分だけなのか，通常賃金も含むのかをめぐっては争いがある。これは，未払いがあったときの付加金の額にも影響する）。

割増率は，「労働基準法第三十七条第一項の時間外及び休日の

割増賃金に係る率の最低限度を定める政令」というもの（以下，割増賃金令）で決められており，時間外労働の割増率は25パーセント以上となっている。

　2008年の労基法改正（2010年4月1日施行）により，月の時間外労働時間が60時間を超えれば，その時間分については，割増率は，さらに25パーセントを上乗せして合計50パーセント以上となった（37条1項ただし書）。ただし，25パーセントの上乗せ部分は，過半数代表との労使協定があれば，有給休暇を付与することで代替させることができる（同条3項）。この代替休暇は，年休とは別のものである。この制度は，最近の政策論議でも出てくる時間外労働についての「金銭補償から代替休日へ」のモデルとすべきものである（⇒第7章）。

　なお，25パーセントの上乗せは，中小事業主には，当分の間，適用猶予となる（138条）。中小事業主とは，その資本金の額または出資の総額が3億円およびその常時使用する労働者の数が300人以下の事業主を指す（小売業またはサービス業を主たる事業とする事業主については資本金の額または出資の総額5000万円以下および常時使用する労働者の数が50人以下，卸売業を主たる事業とする事業主については，それぞれ1億円以下，100人以下となっている）。

　この適用猶予は改正法の「施行後3年を経過した場合において…検討を加え，その結果に基づいて必要な措置を講ずる」と附則に明記されており，2013年ごろから厚生労働省の労働政策審議会の検討テーマにされてきた。新聞報道によると，安倍晋三政権は，労働者の賃上げによる景気底上げ策の一環として，この中小事業主への適用猶予を廃止する方向で検討し始めたようである（2014年5月10日の日本経済新聞朝刊）。適用猶予がなくなると，138条の削除などの労基法の条文の改正が必要となるので，それを契機に

労働時間制度改革が一気に進む可能性もある（⇒第7章2）。

このほか，午後10時から午前5時までの時間帯に行われる深夜労働にも25パーセント以上の割増賃金の支払義務があり（労基法37条4項），深夜労働と時間外労働とが重なると割増率は50パーセント以上となる（労基則20条1項）。1カ月の時間外労働時間が60時間を超えている場合には，割増率は75パーセント以上となる（同項）。

> **解説　限度時間を超える場合の割増率**
>
> 　三六協定で定めることができる時間外労働の上限（限度時間）は，「特別条項付き協定」である場合には超過してよいことは，前述のとおりである。この場合，限度時間を超える時間外労働については，行政通達により，雇用主は，割増賃金を25パーセントよりも引き上げることが努力義務とされている。たとえば，1カ月の時間外労働が45時間以内であれば，割増賃金は25パーセントでよいが，45時間を超えると，25パーセントを超える割増賃金の支払いをするよう努めるものとされ，さらに60時間を超えると，50パーセント以上の割増賃金の支払いが（努力義務ではなく）強制されることとなる。
>
> 　努力義務は，法的には強制されず，違反しても罰則は科されないし，労働者に25パーセントを超える割増賃金の請求権があるわけでもないが，行政指導を受けるという形での緩やかな強制はある。厚生労働省の「平成25年度労働時間等総合実態調査」によると，実際に割増率が25パーセントを超えている大企業は24.9パーセント，中小企業は4.9パーセントである。

割増賃金の算定基礎

　割増賃金の算定基礎となるのは「通常の賃金」である。これは所定労働時間の労働に対して支払われる賃金のことで，その典型は，基本給である。他方，家族手当，通勤手当，別居手当，子女教育手当，住宅手当，臨時に支払われた賃金，1カ月を超える期間ごとに支払われる賃金は「通常の賃金」から除外される（労基法37条5項，労基則21条）。これを「除外賃金」という。「1カ月を超える期間ごとに支払われる賃金」の代表例は，賞与（ボーナス）である。

　除外賃金のうち，家族手当，通勤手当などがこれに含まれているのは，割増賃金額が労働とは無関係な個人的事情によって変わるのは適切でないからである。ただ，ここで挙げられている除外賃金以外は，たとえ個人的事情で額が決まるものであっても，割増賃金の算定基礎から除外することはできない（限定列挙）。

　もっとも，「扶養手当」として支給されている手当も，それが扶養家族数に応じて算定されるものである場合には，家族手当として除外賃金に含まれる。手当は，その名称ではなく，実質に応じて判断するということである。逆に，住宅手当や家族手当が個人的事情に基づき算定されていないときは，除外賃金には含まれず，算定基礎に含まれる。

　また，「1カ月を超える期間ごとに支払われる賃金」が除外賃金とされているのは，計算技術上の困難性による。したがって，賞与であっても，すでに額が確定している場合には，計算技術上の困難性はないので，除外賃金に含まれず，算定基礎に含まれる。

　算定基礎となる賃金は，雇用主のほうで操作しやすい面があるので，ルールが明確である必要がある。しかし，実際の法律上のルールは必ずしも明確ではなく（たとえば，前記の「扶養手当」や

「賞与」の取扱い），このことが割増賃金規制の実効性を減殺する可能性をもっている（⇒第8章1）。

4　弾力的な労働時間規制

変形労働時間制

　労働時間の上限規制については，それを標準的なものとして，一定の期間の平均で上限が守られていればよいとすることも多い。これを変形労働時間制と呼ぶ。一種の総枠規制である。

　日本の現行法でいえば，一定の単位期間における1週間当たりの平均の労働時間が1週間の法定労働時間の範囲内におさまっていれば，1週40時間または1日8時間の法定労働時間を超える労働時間も許容する（時間外労働扱いとせず割増賃金が発生しない）という制度である。この制度により，1週40時間または1日8時間という法定労働時間規制（労基法32条）は部分的に緩和されることになる。

　このような変形労働時間制が必要とされるのは，業務の繁閑が時期的に差がある場合への対応や社会・経済のサービス化が進むなかでの事業体制や勤務体制の弾力化の要請への対応などのためと説明されている。

　日本の労基法は，制定当初は，4週間単位のものしかなかった。しかも，同じ32条という条文のなかで，1項で法定労働時間を，2項で変形労働時間を規定するという形になっており，変形労働時間制は法定労働時間の規制と一体のものともいえた。

　現在の労基法の変形労働時間制は，1カ月単位の変形労働時間制（32条の2），1年単位の変形労働時間制（32条の4），1週間単位の非定型的な変形労働時間制（32条の5）という3種類がある。1週間単位の非定型的な変形労働時間制は，常時30人未満の

労働者を使用する小売業，旅館，料理店および飲食店の事業において，1週間40時間の範囲内であれば，1日に10時間の労働まで許される，というものである。

　変形労働時間制の導入要件は，1カ月単位のものは，就業規則の規定か労使協定の締結，1年単位のものは，労使協定を締結して所定事項について定めること，1週間単位のものは，労使協定の締結である。とくに1年単位のものは，厳格な手続要件が課されているため，手続が煩雑である。

　厚生労働省の「平成26年就労条件総合調査」によると，1年単位の変形労働時間制の導入企業の割合は35.4パーセント，1カ月単位の変形労働時間制の導入企業の割合は17.9パーセントである。

フレックスタイム制

　フレックスタイム制とは，始業時刻および終業時刻の決定を労働者にゆだねる労働時間制度である。労働者が，労働時間帯を自ら決定できる点が，この制度の大きな特徴である。これにより仕事と生活との調和（ワーク・ライフ・バランス）をはかることができるというメリットがある。ただし，雇用主は，労働者が必ず労働しなければならない時間帯であるコアタイムを設定することはできる。

　フレックスタイム制を導入するためには，就業規則において，始業および終業の時刻を労働者の決定にゆだねる旨を定めておく必要がある（労基法32条の3。始業または終業のどちらか一方だけ労働者の決定にゆだねることは認められていない）。そのうえで労使協定を締結して，所定事項について定めておく必要がある。なかでも重要なのは，清算期間とその間の総労働時間である。清算期間とは，その期間（1カ月以内）を平均して1週間当たり40時間を

超えない範囲内において労働させる期間である。フレックスタイム制が導入されて，清算期間における1週平均で40時間の枠内であれば，1週40時間を超えても，また1日8時間を超えても時間外労働にはならない。しかし，その枠を超えると，時間外労働として割増賃金の支払義務が発生する。次の清算期間で労働時間を短くして調整するという方法は，行政通達では認められていない。

厚生労働省の「平成26年就労条件総合調査」によると，フレックスタイム制の導入企業の割合は5.3パーセントである。

フレックスタイム制は，もとは4週単位の変形労働時間制の一形態という位置付けだったが，1987年の労基法改正で，独立した制度となった。しかし，規制が厳格であることから，それほど普及していない。弾力的な働き方のオーソドックスなものは，フレックスタイム制といえるが，過剰な規制が普及を妨げている（⇒第7章3）。

> 🌳 **補論　事業場外労働のみなし労働時間制**
>
> 労働者の勤務地が事業場の外にある場合（外勤労働者などのケース）には，労働時間を算定し難いことがある。こうした場合について，労基法は，所定労働時間労働したものとみなすこととしている。つまり実労働時間をカウントしなくてよいということである。なお，その業務を遂行するためには，通常，所定労働時間を超えて労働することが必要となる場合には，当該業務の遂行に通常必要とされる時間労働したものとみなすが，この時間については過半数代表との労使協定によって決めることもできる（38条の2）。
>
> 携帯端末が普及している今日，事業場外での就労であっても，雇用主は，労働者に対して具体的な指揮命令をすることが可能な

場合がほとんどだろう。そのため，このみなし労働時間制度の適用要件となる「労働時間を算定し難い」に該当するケースは，あまりないのではないかと思われる。

最近の判例では，海外ツアーの添乗員についても，「労働時間を算定し難い」場合に該当しないとして，実労働時間をカウントすべきとの判断を行っている（阪急トラベルサポート〔第2〕事件＜最重判110＞）。

厚生労働省の「平成26年就労条件総合調査」によると，この制度の導入企業の割合は11.3パーセントである。

事業場外労働のみなし労働時間制は，「労働時間を算定し難い」場合が前提の制度でありながら，算定し難いはずの実際の労働時間数（その業務の遂行に通常必要とされる労働時間数）に近づけるような仕組みになっているところに，根本的な矛盾がある。少なくとも，労使協定で労働時間を定めること（みなし制）ができるようにし，労使協定がない場合にのみ，その労働者の属する事業場の所定労働時間を労働時間とみなすという制度にするなどの改正を検討すべきであろう。

裁量労働制

裁量労働制とは，業務を自らの裁量で遂行する労働者に対して，実際の労働時間に関係なく，一定の労働時間数だけ働いたものとみなす制度である。みなし労働時間が1日8時間以内であれば，雇用主には割増賃金の支払義務はないことになる。

裁量労働制には，専門業務型（労基法38条の3）と企画業務型（同法38条の4）とがある。

専門業務型裁量労働制の導入には，三六協定と同様，労使協定の締結が必要である。労使協定は，所定の事項を記載して，労働基準監督署長に届け出なければならない（労基法38条の3第2項）。

労使協定に記載すべき事項は，①専門業務型裁量労働制の対象としうる業務（業務の性質上その遂行の方法を大幅に当該業務に従事する労働者の裁量にゆだねる必要があるため，当該業務の遂行の手段および時間配分の決定等に関し，企業が具体的な指示をすることが困難な上記の業務）のうち，労働者に就かせることとする業務（対象業務），②対象業務に従事する労働者（対象労働者）の労働時間として算定される時間（みなし労働時間），③対象業務の遂行の手段および時間配分の決定等に関し，当該対象業務に従事する労働者に対し使用者が具体的な指示をしないこと，④対象労働者の労働時間の状況に応じた当該労働者の健康および福祉を確保するための措置を当該協定で規定するところにより企業が講ずること，⑤対象労働者からの苦情の処理に関する措置を当該協定で定めるところにより企業が講ずること，⑥その他，厚生労働省令で定める事項（労使協定の有効期間の定め，健康確保措置と苦情処理に関する措置に関する労働者ごとの記録を労使協定の有効期間満了から３年間保存すること）とされている（同条１項，労基則24条の２の２第３項）。

専門業務型裁量労働制は，次頁の図表で掲載されている対象業務の範囲でしか導入できない。今後，いわゆる「プロ型」の就労形式が増えていくことが予想されるなか，このような列挙方式（厚生労働大臣による業務指定という方式）でどこまで対応できるのかは疑問もある。

一方，企画業務型裁量労働制は，55～56頁の図表に示すとおり，企画，立案，調査，分析の業務に関して認められ，その導入には，労使双方の代表で構成される労使委員会の５分の４以上の多数で所定の事項について決議をし，その決議を労働基準監督署長に届け出ることが導入要件とされている。

第2章 日本の労働時間規制は、どのようなものか？　53

専門業務型裁量労働制の対象業務（労基則24条の2の2第2項，平成9年2月14日労働省告示7号，平成15年10月22日厚生労働省告示354号）

- 新商品・新技術の研究開発の業務
- 人文科学・自然科学の研究の業務
- 情報処理システムの分析・設計の業務
- 新聞・出版の事業における記事の取材・編集の業務
- 放送番組の制作のための取材・編集の業務
- 衣服・室内装飾・工業製品・広告等の新たなデザインの考案の業務
- 放送番組・映画等の制作の事業におけるプロデューサー・ディレクターの業務
- コピーライターの業務
- システムコンサルタントの業務
- インテリアコーディネーターの業務
- ゲーム用ソフトウェアの創作の業務
- 証券アナリストの業務
- 金融工学等の知識を用いて行う金融商品の開発の業務
- 大学における教授研究の業務
- 公認会計士の業務
- 弁護士の業務
- 建築士の業務
- 不動産鑑定士の業務
- 弁理士の業務
- 税理士の業務
- 中小企業診断士の業務

　労使委員会とは，「賃金，労働時間その他の当該事業場における労働条件に関する事項を調査審議し，事業主に対し当該事項について意見を述べることを目的とする委員会」で，使用者および

当該事業場の労働者を代表する者を構成員とするものでなければならない。

労使委員会で決議すべき事項は，①事業の運営に関する事項についての企画，立案，調査および分析の業務であって，当該業務の性質上，これを適切に遂行するにはその遂行の方法を大幅に労働者の裁量にゆだねる必要があるため，当該業務の遂行の手段および時間配分の決定等に関し企業が具体的な指示をしないこととする業務（対象業務），②対象業務を適切に遂行するための知識，経験等を有する労働者であって，当該対象業務に就かせたときは当該決議でさだめる時間労働したものとみなされることとなる労働者の範囲，③対象業務に従事する労働者の労働時間として算定される時間（みなし労働時間），④対象労働者の労働時間の状況に応じた当該労働者の健康および福祉を確保するための措置を当該決議で定めるところにより企業が講ずること，⑤対象労働者からの苦情の処理に関する措置を当該決議で定めるところにより企業が講ずること，⑥制度の適用に対する労働者の同意を得なければならないこと，同意をしなかった労働者に対する解雇その他不利益な取扱いをしてはならないこと，⑦その他厚生労働省令で定める事項（労使委員会の決議の有効期間の定めと，健康確保措置，苦情処理に関する措置，労働者の同意に関する労働者ごとの記録を労使協定の有効期間満了から3年間保存すること）とされている（労基法38条の4第1項，労基則24条の2の3第3項）。

なお，企画業務型裁量労働制では，上記のように，「制度の適用に対する労働者の同意を得なければならないこと」も決議事項としなければならない。これは，労働者の同意なしに，企画業務型裁量労働制を適用してはならないという趣旨と解されている。

第2章　日本の労働時間規制は，どのようなものか？

企画業務型裁量労働制の対象業務（平成11年12月27日労働省告示149号，平成15年10月22日厚生労働省告示353号）

対象業務となりえる業務の例
- 経営企画を担当する部署における業務のうち，経営状態・経営環境等について調査および分析を行い，経営に関する計画を策定する業務
- 経営企画を担当する部署における業務のうち，現行の社内組織の問題点やその在り方等について調査および分析を行い，新たな社内組織を編成する業務
- 人事・労務を担当する部署における業務のうち，現行の人事制度の問題点やその在り方等について調査および分析を行い，新たな人事制度を策定する業務
- 人事・労務を担当する部署における業務のうち，業務の内容やその遂行のために必要とされる能力等について調査および分析を行い，社員の教育・研修計画を策定する業務
- 財務・経理を担当する部署における業務のうち，財務状態等について調査および分析を行い，財務に関する計画を策定する業務
- 広報を担当する部署における業務のうち，効果的な広報手法等について調査および分析を行い，広報を企画・立案する業務
- 営業に関する企画を担当する部署における業務のうち，営業成績や営業活動上の問題点等について調査および分析を行い，企業全体の営業方針や取り扱う商品ごとの全社的な営業に関する計画を策定する業務
- 生産に関する企画を担当する部署における業務のうち，生産効率や原材料等に係る市場の動向等について調査および分析を行い，原材料等の調達計画も含め全社的な生産計画を策定する業務

対象業務となりえない業務の例
- 経営に関する会議の庶務等の業務
- 人事記録の作成および保管，給与の計算および支払，各種保険の加入および脱退，採用・研修の実施等の業務

- 金銭の出納，財務諸表・会計帳簿の作成および保管，租税の申告および納付，予算・決算に係る計算等の業務
- 広報誌の原稿の校正等の業務
- 個別の営業活動の業務
- 個別の製造等の作業
- 物品の買い付け等の業務

　厚生労働省の「平成26年就労条件総合調査」によると，専門業務型裁量労働制の導入企業の割合は3.1パーセント，企画業務型裁量労働制の導入企業の割合はわずか0.8パーセントである。適用対象労働者でみると，専門業務型裁量労働制の割合は1.0パーセント，企画業務型裁量労働制の割合はわずか0.2パーセントである。

　裁量労働制は，業務の遂行方法を労働者の裁量にゆだねる制度なので，労働時間が法定労働時間を超えたからといって，その時間数に応じて割増賃金を支給することは適切ではないことから，労働時間をみなし制としたものである。その意味で，労働時間と賃金とを切り離し，労働者の成果に応じて賃金を決定していく働き方に適したものである。

　ところが，この裁量労働制の導入要件はかなり厳しく（とくに労使協定や労使委員会の決議で定めるべき事項が多いことは煩雑である），実際にその導入実績は，前記の厚生労働省の調査からもわかるように，きわめて少ない。専門業務以外のホワイトカラーが，労働時間の規制の実質的な適用除外となるためには，上記の企画業務型裁量労働制の適用対象とされなければならないが，上記にかかげている対象業務は，あくまで指針とはいえ，かなり限定的であることがわかろう。

こうした状況が，現行の裁量労働制を見直して，新しい弾力的な労働時間制度として，ホワイトカラー・エグゼンプションを導入すべきであるという議論の背景にある。

5 管理監督者に対する適用除外

労働時間規制の適用除外

労働時間規制の例外として，労働時間関連の規定（労働時間，休憩，休日に関する規定）がはじめから適用されない労働者のカテゴリーもある（労基法41条）。農業，畜産・水産業に従事する者（同条1号），「監督若しくは管理の地位にある者」（管理監督者）および「機密の事務を取り扱う者」（同条2号），監視・断続労働者で労働基準監督署長から許可を受けた者（同条3号）である。これらの者は事業や労働者の従事する業務の特殊性から，労働時間関連の規定を適用することが適切でないとされているのである。

適用除外の具体的な意味は，法定労働時間や休日に関する規定が適用されず，時間外労働や休日労働という概念もなくなり，したがって，それに対する割増賃金の適用もないということである。ただし，年次有給休暇に関する規定（39条）や深夜労働に関する規定（37条4項など）は適用除外されない。

日本マクドナルド事件

適用除外の対象である労働者をめぐって，最も問題があるのは管理監督者である。どのような労働者が管理監督者に該当するか法文上明確になっていないからである。そのため多くの企業において，管理職（課長，店長など）になった労働者を管理監督者として扱い，割増賃金の支払対象から外すという運用を行っている。ところが，裁判になると，こうした取扱いはほとんどのケースで

違法と判断される。裁判所が考えている管理監督者の範囲はかなり狭いからである。

有名な裁判例として，日本マクドナルドの店長が管理監督者として取り扱われていたが，裁判所はこうした取扱いは違法なので，時間外労働や休日労働に対する割増賃金の支払いを企業に命じたものがある（**日本マクドナルド事件**〈最重版116〉）。

行政解釈では，「一般的には，部長，工場長等労働条件の決定その他労務管理について経営者と一体的な立場にある者の意であり，名称にとらわれず，実態に即して判断すべきものである」とし，具体的には，労働条件の決定その他労務管理について経営者と一体的な立場ある者であって，労働時間，休憩，休日等に関する規制の枠を超えて活動することが要請されざるをえない重要な職務と責任を有し，現実の勤務態様も労働時間等の規制になじまないような立場にあること，具体的な判断方法については，資格や職位の名称にとらわれることなく，職務内容，責任と権限，勤務態様に着目する必要があり，さらに，賃金等の待遇面について，その地位にふさわしい待遇がなされているかなどを考慮するものとしてきた。

裁判所も，**日本マクドナルド事件**判決では，①職務内容，権限および責任に照らし，労務管理を含め，企業全体の事業経営に関する重要事項に関与していること，②その勤務態様が労働時間等に対する規制になじまないものであること，③給与（基本給，役付手当等）および一時金において，管理監督者にふさわしい待遇がされていることを，管理監督者該当性の判断基準とすべきとしていた。

> **補論　スタッフ管理職**
>
> 　管理職というと，通常，指揮命令の系統上にいるラインの管理職を指すが，それ以外に，スタッフ管理職と呼ばれて，指揮命令系統から独立して，高度な専門的仕事に従事し，待遇はラインの管理職と同等に取り扱われる労働者もいる。行政解釈でも，経営上の重要な事項に関する企画，立案，調査等の業務を担当する者は，管理監督者として扱うことが認められている。これは，スタッフ職に対する適用除外制度が存在しないことに対処するための特例的な扱いといえるが，企業が組織をフラット化して，スタッフ職を増やすなどして，名ばかり管理職を増やすという脱法的現象を生み出す誘引ともなる。スタッフ管理職は，企画業務型裁量労働制ともつながるところがあり，これらの労働者は本来同一の制度に統合していくべきだろう（⇒第8章）。

管理監督者の範囲は狭い！

　時間外労働に対する割増賃金の未払い分の請求訴訟は，数多く提起されているが，その場合に，雇用主側が，その労働者が管理監督者だったと主張することがよくある。そのため，裁判官は，管理監督者該当性の判断をすることになるが，前述のように，そのほとんどの場合において否定されている。

　ただ，管理監督者の範囲が狭いことは法文上は明らかではない。そのため裁判とはならない多くのケースで，裁判所が認めている合法的な管理監督者の範囲よりも広く管理監督者と扱われている労働者がいる可能性がある。これが「名ばかり管理職」問題の生まれる背景的事情である。

管理監督者をめぐる主要な裁判例 （最近のもの）

否定例

- 音楽学校の教務部長，事業部長，課長（**神代学園ミューズ音楽院事件**・東京高判平成17年3月30日労判905号72頁）
- プラスチック成形・加工会社の営業開発部長（**岡部製作所事件**・東京地判平成18年5月26日労判918号5頁）
- 飲食店のマネージャー（**アクト事件**・東京地判平成18年8月7日労判924号50頁）
- ホテルのレストランの料理長（**セントラル・パーク事件**・岡山地判平成19年3月27日労判941号23頁）
- フランチャイズのカレー店の店長（**トップ事件**・大阪地判平成19年10月25日労判953号27頁）
- 衣料品会社のデザイナー（**丸栄西野事件**・大阪地判平成20年1月11日労判957号5頁）
- ハンバーガーショップの店長（**日本マクドナルド事件**＜最重判116＞）
- 信用金庫の支店の代理職（**播州信用金庫事件**・神戸地姫路支判平成20年2月8日労判958号12頁）
- 衣料品会社の課長（**エイテイズ事件**・神戸地尼崎支判平成20年3月27日労判968号94頁）
- 美容室の副店長兼トップスタイリスト（**バズ事件**・東京地判平成20年4月22日労判963号88頁）
- 留学・海外生活体験商品を扱う会社の支社長（**ゲートウェイ21事件**・東京地判平成20年9月30日労判977号74頁）
- コピーサービス店の店長（**アイマージ事件**・大阪地判平成20年11月14日労経速2036号14頁）
- 飲食店の料理長（**プレゼンス事件**・東京地判平成21年2月9日労経速2036号24頁）

- カラオケボックスの店長（**シン・コーポレーション事件**・大阪地判平成21年6月12日労判988号28頁）
- 学習塾の校長（**学樹社事件**・横浜地判平成21年7月23日判時2056号156頁）
- コンビニエンスストアの店長（**ボス事件**・東京地判平成21年10月21日労判1000号65頁）
- 課長代理であるシステムエンジニア（**東和システム事件**・東京高判平成21年12月25日労判998号5頁）
- 飲食店の店舗の支配人（**康正産業事件**・鹿児島地判平成22年2月16日労判1004号77頁）
- 医療情報会社の不動産事業部責任者（**デンタルリサーチ社事件**・東京地判平成22年9月7日労判1020号66頁）
- 不動産会社の営業本部長（**レイズ事件**・東京地判平成22年10月27日労判1021号39頁）
- コンピュータ会社のプロジェクトマネージャ（**エス・エー・ディー情報システムズ事件**・東京地判平成23年3月9日労判1030号27頁）
- 飲食店の料理長（**シーディーシー事件**・山形地判平成23年5月25日労判1034号47頁）
- コンビニエンスストアの店長（**九九プラス事件**・東京地立川支判平成23年5月31日労判1030号5頁）
- 病院の電算課の課長心得（**河野臨牀医学研究所事件**・東京地判平成23年7月26日労判1037号59頁）
- 従業員兼務取締役（**スタジオツインク事件**・東京地判平成23年10月25日労判1041号62頁）
- 会計事務所の管理部長（**H会計事務所事件**・東京高判平成23年12月20日労判1044号84頁）
- インターネットバンキング担当のヴァイス・プレジデント（**HSBCサービシーズ・ジャパン・リミテッド事件**・東京地判

平成23年12月27日労判1044号5頁)
- 建設資材製造会社の営業部長(**日本機電事件**・大阪地判平成24年3月9日労判1052号70頁)
- コンピュータシステム会社の課長(**エーディーディー事件**・大阪高判平成24年7月27日労判1062号63頁)
- 不動産会社の課長・班長(**アクティリンク事件**・東京地判平成24年8月28日労判1058号5頁)
- 日用雑貨等の販売会社の商品部課長(**佐賀労基署長(サンクスジャパン)事件**・福岡地判平成24年5月16日労判1058号59頁)
- 広告代理店の企画営業部部長(**ロア・アドバタイジング事件**・東京地判平成24年7月27日労判1059号26頁)
- 飲食店の店長(**フォロインブレンディ事件**・東京地判平成25年1月11日労判1074号83頁)
- 高速バス会社の運行課長(**WILLER EXPRESS西日本ほか1社事件**・東京地判平成25年4月9日労判1083号75頁)
- パチスロ店のアソシエイト(**イーハート事件**・東京地判平成25年4月24日労判1084号84頁)
- 商品先物取引仲介会社の株式担当部長(**豊商事事件**・東京地判平成25年12月13日労判1089号76頁)
- サービスステーションの所長(**乙山石油事件**・大阪地判平成25年12月19日労判1090号79頁)
- 自動車運送取扱会社の営業所長(**新富士商事事件**・大阪地判平成25年12月20日労判1094号77頁)

肯定例

- 自動車修理会社の営業部長(**センチュリー・オート事件**・東京地判平成19年3月22日労判938号85頁)
- タクシー会社の営業部次長(**姪浜タクシー事件**・福岡地判平成19年4月26日労判948号41頁)

- 建設コンサルタント会社の従業員兼務取締役（**日本構造技術事件**・東京地判平成20年1月25日労判961号56頁）
- 証券会社の支店長（**日本ファースト証券事件**・大阪地判平成20年2月8日労判959号168頁）
- 美容室の店長（**ことぶき事件**＜最重判115＞）
- スポーツクラブのエリアディレクター（**セントラルスポーツ事件**・京都地判平成24年4月17日労判1058号69頁）
- 従業員兼務取締役（**ピュアルネッサンス事件**・東京地判平成24年5月16日労判1057号96頁）
- 不動産調査会社の営業部門の責任者（**VESTA事件**・東京地判平成24年8月30日労判1059号91頁）

6 労基法は，労働者の休息をどのように保障しているか？

休憩時間

　前述のように，憲法27条は，休息に関する基準を法定することも要請している。労基法は，1日の労働の途中での休憩，1週のなかでの休日，1年のなかでの年次有給休暇（年休）の3つのタイプの休息を保障している。年休は後述する（⇒第6章）こととして，ここでは休憩と休日に関する労基法の規定を見ておくこととしよう。

　まず休憩については，労基法は，労働時間が6時間を超える場合において45分以上，8時間を超える場合において1時間以上の休憩時間を労働時間の途中に与えることを使用者に義務づけている（34条1項）。1日の労働時間が8時間ちょうどであれば，法律上は休憩時間は45分でよい。しかし，このときでも残業が少しでもあれば，労働時間が8時間を超えるので，さらに15分の休憩を追加しなければならない。この休憩規制についても，違反した

> ### 📖 解説　行政解釈
>
> 　本書でも，ここまで何度か，行政解釈（通達）に言及することがあった。行政解釈は，行政機関（労働基準監督署等）が，労基法などの法規を適用して行政監督をする際に，その統一的な解釈・適用がなされるために発せられるものである。これは行政内部の解釈にすぎず，裁判所が異なる解釈を示す可能性はある（その場合には，裁判所の解釈が優先する）が，実務上は雇用主は無視することができず，重要な役割を果たしている。

使用者には，懲役6カ月以下，または30万円以下の罰金という罰則がある（労基法119条1号）。

　休憩時間は，一斉に付与しなければならない（34条2項）。各人がバラバラに休憩をとることになっていれば，きちんと休憩が付与されているかどうか確認できないからである。ただし，業務の内容によっては，一斉に休憩をとることが困難な場合もあるので，過半数代表との労使協定があれば，この原則の例外が認められる（同項ただし書）。

　休憩時間は，労働者に自由に利用させなければならない（34条3項）。これを休憩時間自由利用の原則という。ただし，外出を許可制にすることは，事業場内で自由に休息できるのならば適法というのが行政解釈である。

休　　日

　1週単位の休息である休日については，労基法は，使用者に対して，週に1日，休日を付与することを義務づけている（35条1項）。ただし，この規定は，4週間を通じ4日以上の休日を与え

ることでもよいとされている（同条2項。これを変形休日制と呼ぶ）。週休制は，建前上は法の原則であるが，法的に強制されているのは，実際上は4週4休日である。

　休日規制に違反した使用者にも，懲役6カ月以下，または30万円以下の罰金という罰則がある（労基法119条1号）。

　労基法は，この休日規制の例外として，法定労働時間規制の例外と同様，三六協定の締結とその労働基準監督署長への届出があれば，法定休日に労働させることができるとしている（36条。非常時における休日労働も認められている［33条］）。休日労働の事由については，法律による制約はなく，時間外労働と同様に三六協定にゆだねられている。また，三六協定に基づく合法的な休日労働か違法な休日労働であるかに関係なく，休日労働をさせた雇用主に割増賃金の支払義務が課されることも，時間外労働の場合と同様である。割増賃金支払義務に反した場合には，休日規制に反した場合と同じ罰則が適用される。

　休日労働に対する割増率は，35パーセント以上である（割増賃金令）。時間外労働と重なっても，割増率は合算されない。時間外労働と深夜労働が重なったときに割増率が合算されるのは，時間の長さによる割増原因と時間の位置（時間帯）による割増原因が重複するためである（寺本1998・244頁）。時間外労働と休日労働は，同じ割増原因なので，合算されない扱いとなっている。休日労働と深夜労働とが重なった場合には，割増率は合算されて60パーセント以上となる（労基則20条2項）。

7　日本の労働時間規制がめざした理想と現実

　本章において，日本の労働時間規制は，かなりのボリュームがあり，かつ複雑なものであることが確認できただろう。法定労働

時間，休憩，法定休日といった規制は，それだけを見ると，労働者の健康確保やワーク・ライフ・バランスのために十分であるともいえる。

日本法の問題点は，原則の部分に対する例外があまりにも，緩やかに設定されていることにある。ただ，法定労働時間の例外（時間外労働）にせよ，法定休日の例外（休日労働）にせよ，過半数代表に拒否権があり，労使で管理できるようなシステムになっている。このことは，法定労働時間や法定休日の例外をどこまで厳格に規制するかは，労使，とりわけ労働者側にゆだねられているということである。これは労使自治の尊重という点では望ましいが，現実には理想どおりにいっていない。

管理監督者をめぐる例外についても，たしかに法律の規定には，今日の目から見ると不備があるものの，労基法の制定当初は，管理職に就く労働者は，それほど多いものではなく，その範囲は常識的に限定できるものだった。例外を簡単に認めるような趣旨は内包していなかったのである。そのことは，判例が，管理監督者性を容易に認めていないことからもわかる。

そのようにみると，日本の法律は，現在の法定労働時間の水準（1週40時間および1日8時間）も合わせて考慮すると理想的な労働時間規制を作り上げてきたという面はあるものの，戦後すぐの法律の制定から70年近く経ち，また1987年の労基法大改正から4半世紀経過した現在，この理想が現実の雇用社会にフィットせず，十分に機能していないことを率直に認めざるをえない。

そのことは，何よりも，日本の労働時間規制が，労働者の健康を守れていないという現実が物語っている。この点は，第3章で検討することにしよう。

第3章

日本の労働時間規制は，労働者の健康保護に役立ってきたのだろうか？

　日本の正社員は「24時間戦えますか」の世界で生きてきた。統計的にも，年間労働時間は減少傾向であるものの，それはパートタイム労働者が増えたおかげである。正社員の長時間労働による過労死は，今日ではほとんどニュースにもならないくらい普通のこととなった。

　いったい日本の法律は，どうなっているのか，労働者の健康を守れない労働時間規制とは何なのか，という批判もあった。ということで，近年では，労基法の労働時間規制とは別に，労働安全衛生法による，より直接的な健康対策がとられてきた。

　では，労基法の労働時間規制は，健康確保という使命を放棄してよいのだろうか。そうではなかろう。

1 時短政策は効果があったか？

第1章で見たように，日本政府は，1987年の労基法改正やその後の時短促進法の制定により，年間の労働時間を1800時間とする目標を掲げ，それを実現してきた。

1人当たり平均年間総実労働時間（就業者）

年	1990	1995	2000	2001	2002	2003	2004	2005
時間	2,031	1,884	1,821	1,809	1,798	1,799	1,787	1,775

年	2006	2007	2008	2009	2010	2011	2012
時間	1,784	1,785	1,771	1,714	1,733	1,728	1,745

（独立行政法人労働政策研究・研修機構「データブック国際労働比較2014」より一部加工）

ただ，経済学者の分析（山本・黒田2014・38頁）によると，1980年代末以降，労働者1人当たりの平均労働時間は趨勢的に減少しているものの，その要因は主としてパートタイム労働者の比率が上昇したことが原因だった。また，週休2日制の普及によって年間の休日数は増加したものの，フルタイム労働者の週当たり平均労働時間は25年前と現在とではほとんど変化していないという驚くべき結果も示されている。そして，曜日間の労働時間の配分において，土曜日の労働時間が減少した代わりに，平日の労働時間が増加するという変化が生じており，これにより，日本人の睡眠時間が趨勢的に減少傾向にあるという問題点も明らかにされている。

つまり，政府の時短政策は，労働者の健康保護という点では，ほとんど効果がなかったことを，この分析結果は示唆している。

それだけでない。同分析によると，「1990年代後半から2000年

代初めの不況期に,壮年男性正規雇用者を中心に労働時間が増加した」とされ,「不況期に労働時間が増加したことの背景を厳密に探ることは難しいが,当時,長引く不況で残業や賞与による調整手段を使い切っていた企業がさらなる景気後退に対処するために大規模な人員調整を行い,残った正規雇用者が長時間労働を余儀なくされた可能性などが考えられる」という重要な指摘もなされている。

補論　日本人はなぜ残業をするのか

　小倉一哉氏（島田ほか2009）によると,日本人が残業をする理由で最も多いのは,「所定労働時間内では片付かない仕事だから」であり,２番目に多いのは,「自分の仕事をきちんと仕上げたいから」となっている。逆に,「働く方が楽しいから」とか,「早く帰りたくないから」というのは少ない。労働者としても,本音は早く帰りたい。しかし,それができないのは,一方で,業務量が多いからという会社側の要因もあるものの,自分の仕事をきちんと仕上げたいという責任感から来る本人側の要因もある。本人側の要因があるかぎり,残業はなかなか減少しないだろう。

　このようにみると,長時間労働の要因として,法制度に起因する部分がどこまであるのかには疑問も出てこよう。日本人の仕事への意識や姿勢が変わらないかぎり,長時間労働の問題は解消されないのかもしれない。そして,制度改革をするとするならば,こうした日本人の仕事への意識や姿勢を前提として,そこに切り込むようなものでなければならないのであろう。要するに,「無理にでも休ませる」ところから始める必要があるのだろう。後にも登場する「勤務間インターバル」のような制度は,こうした文脈から要請されるものなのである。

2 長時間労働は，労災を増やすのか？

長時間労働が，健康にどの程度の悪影響を及ぼしているかは，長時間労働による労働災害がどれくらい起こっているのかをみることによって，ある程度の推察は可能となろう。

業務上の疾病

労働者が病気にかかったとき，それが業務に起因すると労働基準監督署で認定されれば，業務上の疾病として，労災保険の対象となる。労災保険の対象となれば，業務外の疾病に対して適用される健康保険（死亡事件の場合は，遺族は，厚生年金）よりも，労働者に有利な保険給付が得られる。

業務上の疾病については，労基則の別表第1の2において列挙されている。そこには，現在の医学からみて業務により生ずる蓋然性の高い疾病が，その原因ごとに列挙されている。これに該当すれば，特段の反証がないかぎり，「業務上」の疾病と認められ，労災保険が適用される。

この別表第1の2は2010年に改正され，新たに「長期間にわたる長時間の業務その他血管病変等を著しく増悪させる業務による脳出血，くも膜下出血，脳梗塞，高血圧性脳症，心筋梗塞，狭心症，心停止（心臓性突然死を含む。）若しくは解離性大動脈瘤又はこれらの疾病に付随する疾病」（8号）と「人の生命にかかわる事故への遭遇その他心理的に過度の負担を与える事象を伴う業務による精神及び行動の障害又はこれに付随する疾病」（9号）が追加された。

これは，長時間労働による脳・心臓疾患や過度の心理的負荷による精神障害は，業務と因果関係のある疾病と医学的にも認めら

れたということを意味している。

ただ，別表第1の2に列挙されていない疾病についても，「業務に起因することの明らかな疾病」と認定されれば，業務上の疾病と取り扱われる。脳・心臓疾患や精神障害（うつ病など）は，2010年の別表第1の2にリストアップされる前は，「業務に起因することの明らかな疾病」と認定されることをとおして，労災保険の対象とされてきた。

> **解説　労災保険制度**
>
> 　労災保険制度とは，業務災害（または通勤災害）により，労働者が負傷した場合，疾病にかかった場合，障害が残った場合，死亡した場合等において，被災労働者またはその遺族に対し保険給付を行う制度である。これは政府が運営する強制保険であり，保険料は雇用主が支払う。労働者を1人でも使用する事業が適用対象となる（個人経営の農業，水産業で労働者数5人未満の場合，個人経営の林業で労働者を常時には使用しない場合は除く）。
>
> 　労基法には，雇用主に対する業務災害への補償責任が定められている（75条以下）が，雇用主の無資力の危険があることから，その責任保険としての労災保険制度が設けられた。現在では，労基法には規定のない年金給付，二次健康診断等給付，通勤災害に対する補償などがあるし，非労働者に対する特別加入制度があるなど，労基法よりもそのカバーされる範囲が拡大されている。このほかに，被災労働者の社会復帰の促進，遺族の援護等の事業（社会復帰促進等事業）も，労災保険制度の枠内で行われている。労災保険給付に上乗せする特別支給金も，社会復帰促進等事業の枠内で支給される。

労災認定基準の改正

　脳・心臓疾患については，行政通達で認定基準が定められて，全国の労働基準監督署が統一的な運用をできる体制になってきた。この認定基準が2001年に改正され，それにより，いわゆる過労死が「業務上」と認められやすくなった（平成13年12月12日基発1063号）。

　それ以前の認定基準をみると，1961年の認定基準（昭和36年2月13日基発116号）では，業務の過重性の判断は，「発症直前か発症当日」において，業務に関連する突発的またはその発生状態を時間的，場所的に明確にしうる出来事があるか，特定の労働時間内にとくに過激な業務に就労したことによる精神的，肉体的負担が存在することを要するとされており，単なる疲労蓄積は除外されていた。その後，1987年の認定基準（昭和62年10月26日基発620号）では過重性の判断対象期間は「発症前1週間」に広げられたが，これでも長期の疲労蓄積が考慮されないという問題があった。1995年の認定基準（平成7年2月1日基発38号）では，発症前1週間以内の業務が日常業務を相当程度超える場合には，発症前1週間より前の業務を含めて総合判断するとされた。

　しかし，2000年に最高裁判所が，初期の認定基準に基づいて労災の不認定（不支給処分）をした行政処分を取り消す判断を示したことがきっかけに，前述のように2001年に認定基準の見直しがなされ，発症前の長期にわたる長時間労働を，業務起因性の判断において考慮できることとなった。

　具体的には，新しい認定基準では，(1)発症前1カ月間ないし6カ月間にわたって，1カ月当たりおおむね45時間を超える時間外労働が認められない場合は，業務と発症との関連性が弱いが，おおむね45時間を超えて時間外労働時間が長くなるほど，業務と発

症との関連性が徐々に強まると評価できること，(2)発症前1カ月間におおむね100時間または発症前2カ月間ないし6カ月間にわたって，1カ月当たりおおむね80時間を超える時間外労働が認められる場合は，業務と発症との関連性が強いと評価できること，とした。

これにより，1カ月80時間の時間外労働は，「過労死ライン」と呼ばれるようになり，これを超えた時間外労働については，労災と認定される可能性がきわめて高いものとなった。

また，精神障害の場合についても，2011年に認定基準が見直され（平成23年12月26日基発1226第1号），そこでは発病直前の1カ月におおむね160時間以上の時間外労働を行った場合や発病直前の3週間におおむね120時間以上の時間外労働を行った場合に，心理的負荷が最も強い「強」と判定され，業務外の強いストレスや本人の脆弱性などの個体側要因がないかぎり，業務起因性が肯定されるものとなっている。

脳・心臓疾患に関する労災補償状況

以上のような認定基準に基づく労災の認定状況は，厚生労働省の平成25年度「脳・心臓疾患及び精神障害等に係る労災補償状況」で知ることができる。

まず，脳・心臓疾患について，平成25年度に，労働基準監督署に労災認定の請求があったのは，784件である。決定件数は683件であり，そのうち支給決定があった件数（業務上と認定された件数）は306件であり，認定率は44.8パーセントである。死亡事例だけをみると，決定件数は290件，支給決定件数は133件で，認定率は45.9パーセントである。

脳・心臓疾患に係る労災請求・決定件数の推移

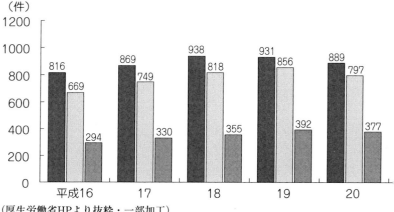

（厚生労働省HPより抜粋・一部加工）

　業種別（大分類）では，支給決定件数は多いほうから「運輸業，郵便業」107件，「卸売業，小売業」38件，「製造業」36件の順である。中分類では，支給決定件数は「運輸業，郵便業」の「道路貨物運送業」の94件が最多である。職種別（大分類）では，支給決定件数は「輸送・機械運転従事者」95件，「販売従事者」38件，「専門的・技術的職業従事者」37件の順である。中分類では，支給決定件数は「輸送・機械運転従事者」の「自動車運転従事者」93件が最多である。

　年齢別では，支給決定件数は多いほうから「50～59歳」108件，「40～49歳」92件，「60歳以上」50件の順である。

　脳・心臓疾患の時間外労働時間数（1カ月平均）別の支給決定件数をみると，60時間未満は0である。最も多いのは，80時間以上，100時間未満である。160時間以上も34件あった。就労形態別では，「正規職員・従業員」が圧倒的に多かった。

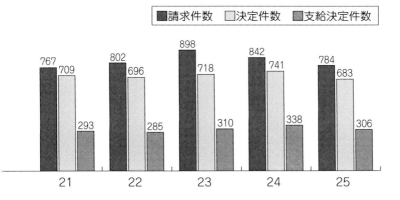

　脳・心臓疾患は，ここ10年の労災件数は横ばい状況にある。労働時間数が正社員では減少していないにもかかわらず，労災件数が増えていないのは，2005年の労働安全衛生法の改正による医師の面接指導制度の導入など，労働者の健康対策が行き届くようになったからかもしれない。

　ただ，労災が認定された労働者は，平成25年度のデータでは，1カ月平均の時間外労働時間数が全員60時間を超えており，80時間以上から100時間未満が最も多かった。法定労働時間の例外であるはずの時間外労働の時間数が60時間を超えるという事態が，そもそも異常ともいえよう。2008年の労基法改正（2010年4月1日施行）で，1カ月60時間を超える時間外労働の割増率が5割に引き上げられたことは，1カ月60時間を超える時間外労働を抑制しようとする趣旨だが，いっそうの長時間労働へのインセンティブになっていないかの検証も必要であろう。

精神障害に係る労災請求・決定件数の推移

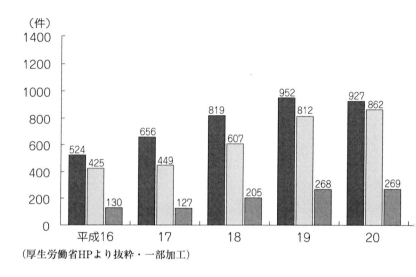

(厚生労働省HPより抜粋・一部加工)

精神障害等に関する労災補償状況

　精神障害等事案の労災補償状況についてもみておこう。平成25年度の支給決定件数は436件であり，認定率は，36.5パーセントである。このうち自殺の事例については，支給決定件数は63件で，認定率は40.1パーセントである。過去10年をみると，自殺事例も含めて，精神障害等の労災認定は増加傾向にある。

　業種別（大分類）では，支給決定件数は多いほうから「製造業」78件，「卸売業，小売業」65件，「医療，福祉」54件の順である。

　中分類では，支給決定件数は「医療，福祉」の「社会保険・社会福祉・介護事業」32件が最多である。

　職種別（大分類）では，支給決定件数は多いほうから「専門的・

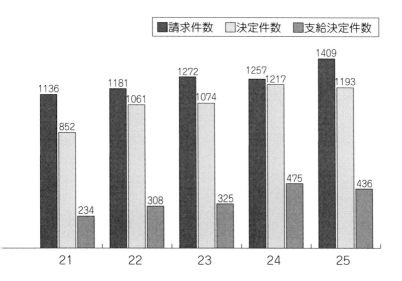

技術的職業従事者」104件,「事務従事者」86件,「生産工程従事者」56件の順である。中分類では,支給決定件数は「事務従事者」の「一般事務従事者」50件が最多である。

年齢別では,支給決定件数は多いほうから「30～39歳」161件,「40～49歳」106件,「20～29歳」75件の順である。

出来事別の支給決定件数は,最も多いのが「仕事内容・仕事量の(大きな)変化を生じさせる出来事があった」と「(ひどい)嫌がらせ,いじめ,又は暴行を受けた」でそれぞれ55件,次いで,「悲惨な事故や災害の体験,目撃をした」の49件である。

過労死ラインを超えると，損害賠償

　労災認定とは別に，労働者や遺族は，労災認定で補塡されなかった損害について，損害賠償請求をすることも可能である。雇用主には，労働者の安全や健康に配慮する義務（安全配慮義務）があり（労働契約法5条），業務上の疾病や死亡の場合には，その義務違反があるとして，損害賠償責任が認められる可能性がある。

　第1章でも紹介したように，最高裁判決（**電通事件＜最重判131＞**）も，長時間労働の継続により疲労や心理的負荷等が過度に蓄積すると，労働者の心身の健康を損なう危険のあることは周知のところである，と述べている。

　こうした判例を受け，損害賠償請求訴訟においても，裁判所は，労働者が労災認定基準で考慮されるほどの長時間労働をしていた場合，とくに過労死ラインを超えている場合には，雇用主の責任を認める傾向にある。

　労災認定をめぐる行政訴訟や安全配慮義務違反をめぐる民事訴訟で争われたケースをみると，過労死ラインを超える時間外労働がなされている例がたくさんみられる。これが，日本の労働者の長時間労働の実態をどこまで反映しているかは何とも言えないものの，健康に影響するほどの長時間労働が，決して珍しい現象ではないと推察しても，あながち誤りではないだろう。

3　政府は，長時間労働から労働者の健康をどのように守ろうとしたか？

　労災保険制度や損害賠償請求訴訟は，過労による健康被害について，事後的な補償をしようとするものである。労災保険は，雇用主は保険料を払うだけで，補償のための給付は政府が行う（メリット制により，労災の件数が保険料に影響することはある）が，損

害賠償請求訴訟では,雇用主が多額の金銭的な負担をすることになるので,雇用主は,訴訟リスクを考えて,労働時間の管理や労働者の健康への配慮などの事前の予防をしようとする傾向が強まっている。

さらに,政府のほうでも,予防に向けた法整備を進めてきた。

労働安全衛生法による取組みの進展

労基法の労働時間規制よりも直接的に,労働者の健康保護を図ってきたのが労働安全衛生法である(なお,労災保険法のほうでも2000年の改正により,脳・心臓疾患の予防のための二次健康診断等給付の制度が導入されたことは,前述のとおりである)。

労働安全衛生法には,もともと労働者の健康診断についての規定はあった(66条)が,それは長時間労働のもたらす健康のチェックをしようとしたものではなかった。ところが,前記のように,過重労働による脳・心臓疾患が業務上の疾病ないし死亡と認定されて労災補償の対象となる案件が増えるなかで,予防面からも,この問題に取り組む必要があるとされた。

まず,前述の2001年の労災の認定基準の見直しのあと,2002年には,「過重労働による健康障害防止のための総合対策について」という行政通達が出されて,三六協定の届出時に,限度基準を遵守するよう指導すると同時に,月45時間を超える時間外労働が行われているおそれがあると考えられる事業場に対しては監督指導,集団指導等を実施する,とされた(この通達は,労働安全衛生法の2005年改正にあわせて,2006年に新たな内容に改正されている)。

> **解説　過労死等防止対策推進法**
>
> 　2014年の第186回国会で,「過労死等防止対策推進法」という法律が可決した（同年11月1日施行）。この法律は,日本の法律で初めて「過労死」という言葉を取り入れたものである。
> 　正確には「過労死等」という言葉を用いたのだが,その定義は,「業務における過重な負荷による脳血管疾患若しくは心臓疾患を原因とする死亡若しくは業務における強い心理的負荷による精神障害を原因とする自殺による死亡又はこれらの脳血管疾患若しくは心臓疾患若しくは精神障害」とされている（2条）。

医師の面接指導

　さらに2005年の労働安全衛生法改正により,長時間労働があった場合における医師の面接指導という制度が導入された（66条の8）。

　具体的には,事業者は,労働者の週40時間を超える労働が1カ月当たりで100時間を超え,かつ,疲労の蓄積が認められるときは,労働者の申出を受けて,医師による面接指導を行わなければならない（労働安全衛生規則52条の2以下を参照）。この100時間という基準は,前記の認定基準で,発症と業務との関連性が強いと評価されている時間数である。

　医師が面接指導を行うにあたって確認すべき事項は,①当該労働者の勤務の状況,②当該労働者の疲労の蓄積の状況,③当該労働者の心身の状況,である（労働安全衛生規則52条の4）。

　事業者は,面接指導の結果に基づき,当該労働者の健康を保持するために必要な措置について,医師の意見を聴かなければなら

ない（労働安全衛生法66条の8第4項）。そのうえで，その意見を勘案し，必要があると認めるときは，当該労働者の実情を考慮して，就業場所の変更，作業の転換，労働時間の短縮，深夜業の回数の減少等の措置を講じなければならないし，また医師の意見を衛生委員会，安全衛生委員会，労働時間等設定改善委員会へ報告するなど，その他の適切な措置を講じなければならない（同条5項）。

また，事業者は，労働時間数が上記の限度にまで至っていない長時間労働をしている労働者に対しても，疲労の蓄積が認められ，または健康上の不安を有している者に対して，面接指導の実施またはそれに準ずる措置を講じるよう努めなければならない（同法66条の9，労働安全衛生規則52条の8第1項，2項）。そこでいう「長時間の労働」とは，行政通達によると，時間外労働・休日労働が1カ月当たり80時間を超えることとされている。医師の面接指導は，1カ月の時間外労働・休日労働が80時間以上で努力義務，100時間以上で強制的な義務となるのである。

時間外労働の1カ月の限度時間は，限度基準によると45時間となっているが，労働安全衛生法は，そうした限度時間を超える時間外労働が実際にあることを前提として，直接的な健康確保措置をとろうとしたものといえる。実際，厚生労働省の「平成25年度労働時間等総合実態調査」によると，限度時間を超えて時間外労働させることを合法とする特別条項付き三六協定が締結されている割合は40.5パーセントであり，その場合の1カ月の平均の時間外労働時間は77.52時間となっている。また同調査によると，特別条項付き三六協定があるところで，時間外労働時間が80時間超となっている割合は21.5パーセント（70時間超では57.7パーセント）となっている。つまり合法的な時間外労働がなされる範囲内でも，

8.70パーセント（40.5パーセント×21.5パーセント）の割合で過労死ラインに近い長時間労働が行われているという実態があるのである（もちろん，これにはいわゆる不払残業は含まれていない）。

こうした状況は，日本の労働時間規制の健康確保措置としての機能が形骸化していることを示すものといえよう。

深夜労働者の健康保護

また，深夜の時間帯（午後10時から午前5時まで）に働く労働者は，健康上の支障が生じやすいことも考慮して，特別な措置が設けられている。それが，労働安全衛生法の1999年改正によって導入された「自発的健康診断の結果の提出」という制度である（66条の2以下）。

それによると，常時使用され，健康診断前6カ月間を平均して1カ月当たり4回以上深夜労働に従事している労働者が，定期健康診断項目について，自ら受けた医師による健康診断の結果を証明する書面を事業者に提出した場合には，通常の健康診断や特殊健康診断での異常所見がある場合と同じく，就業場所の変更，作業の転換，労働時間の短縮，深夜業の回数の減少等の措置を講じなければならない。

メンタルヘルス対策

2014年の第186回国会では，過労死等防止対策推進法の制定以外に，労働安全衛生法も改正され，前記の医師の面接指導制度をモデルとしたストレスチェックのシステムが導入された（66条の10。施行日は2015年12月1日）。これは長時間労働による健康障害問題を，直接のターゲットとしたものではないが，長時間労働は精神面での健康障害を引き起こす可能性もあるので，こうしたス

トレスチェックも，労働者の健康を守るうえでの重要な機能を果たすことが期待される。

この新しい制度の内容は，次のようなものである。事業者は，労働者の心理的な負担の程度を把握するための検査をしなければならない（同条1項）。事業者は，検査を受けた労働者に対し，検査を行った医師等から当該検査の結果が通知されるようにしなければならない。この場合，医師等は，事前の労働者の同意なしに，検査結果を事業者に提供してはならない（2項）。労働者のプライバシーへの配慮からである。

そのうえで，事業者は，2項による通知を受けた労働者であって，心理的な負担の程度が一定の要件に該当するものが，医師による面接指導を受けることを希望する旨を申し出たときは，医師による面接指導を実施しなければならない。この場合において，事業者は，労働者が当該申出をしたことを理由として，当該労働者に対し，不利益な取扱いをしてはならない（3項）。

事業者は，面接指導の結果に基づき，当該労働者の健康を保持するために必要な措置について医師の意見を聴かなければならず（5項），事業者は，その医師の意見を勘案し，必要があると認めるときは，当該労働者の実情を考慮して，就業場所の変更，作業の転換，労働時間の短縮，深夜業の回数の減少等の措置を講ずるほか，当該医師の意見の衛生委員会もしくは安全衛生委員会，または労働時間等設定改善委員会への報告その他の適切な措置を講じることが義務づけられている（6項）。

> ## 🌱 補論　労働時間が短いほうが健康によいのか？
>
> 　労働時間が短いほうが健康に良いのであれば，パートタイムで働くほうが良いことになる。しかし，非正社員で労働時間が短ければ，収入は少なくなるので，貧困問題（ワーキング・プア問題）が生じる。一家の主たる生計をになう労働者が，そうした状況に陥れば，精神的な健康を損なう危険性が高まるだろう。実際，最近の研究では，非正社員として就労する中高年者でみると，正社員と比較すると，男性全体および女性のなかの未婚層は，うつ病などの精神障害の発症が２倍になるという結果が出ている（Kachi Y, Otsuka T, Kawada T（2014））。
>
> 　もちろん，法律上は，法定労働時間の範囲内であれば，労働時間の長短は健康に影響しないという建前である。パート労働法が，パートタイムからフルタイムへの転換の推進措置を講じることを義務づけている（パート労働法12条。2015年４月から13条）のも，そのことが前提だろう。法律が規制しているのは，あくまで法定労働時間を超える部分だけだからである。
>
> 　ただ，労働は収入をもたらすという観点からは，フルタイムの労働ができ，かつ残業（時間外労働）もあるという正社員の働き方にはメリットがある。法定労働時間の基準は，健康をただちに損なうようなレベルではないので，ある程度の時間外労働は収入を増やすことができ，それがひいては精神的な健康にプラスの影響をもたらす可能性がある。

4　健康保護は労働安全衛生法の役割か？

　日本の労働者の働きすぎという状況は，年間労働時間数という数字だけを見ていると改善傾向にあるが，正社員の過労をめぐる

問題は，決して改善されているわけではない。時間外労働が，法律上の建前とは異なり，決して例外的なことではないのは，日本社会における「常識」であるし，法制度上も，労災の認定基準や医師の面接指導制度では，法定労働時間を超える時間外労働が80時間，100時間なされることを想定したものとなっている。実際に，この水準の時間外労働がなされた場合に，脳・心臓疾患の発症率が高まっている。

　日本の労働時間規制は，現状では，法定労働時間を遵守させることによって，労働者の健康確保をしようとする，という機能を果たすことができているとはいえないだろう。だからこそ，労働安全衛生法などによる労災予防という観点から健康確保をしようとする直接的な対策が重視されてきた。ただし，労働安全衛生法上の対策は，あくまで労働者の意思を尊重するものである。これは労働者の健康というプライバシーに関連する事項であることからやむをえない面があるが，長時間労働による健康被害を防止するには限界がある。

　その意味では，労基法の労働時間規制に，なお健康確保のための機能を期待する必要があるといえよう。では，そのためには，どこを改善すればよいのだろうか。第2章で，日本の労働時間規制の問題点は，ある程度，浮き彫りになったが，さらに第4章で外国の労働時間法制をみることによって，日本法の問題点をより明確に示すこととしたい。

第4章

欧米の労働時間法制は，日本とどう違っているのだろうか？

　日本には日本独自の働き方がある，というナショナリストも，労働時間や休息については，やっぱり欧米を参考にしなければ，と思っているかもしれない。ただ，参考にするといっても，「欧」と「米」では大きく違う。

　アメリカは，欧州や日本からは，労働法がない国だとよく揶揄されるが，労働時間については，1週40時間を超えると5割の割増賃金という立派な規制があると胸を張るかもしれない。でも，欧州からは，上限は？　深夜労働者の保護は？　勤務間インターバルは？　休憩時間や休日は？　という質問が矢継ぎ早に出されるだろう。もちろん，日本もそれほど威張れたものではない。上限規制が緩いのは泣きどころだ。

　おまけに，欧州では，労働組合が頑張っている。残業して積み立てた労働時間をまとめて使って長期休暇，なんてことを知ると，ドイツで働きたいと思う人は少なくなかろう。

1 日本の年間労働時間は突出して長いわけではない

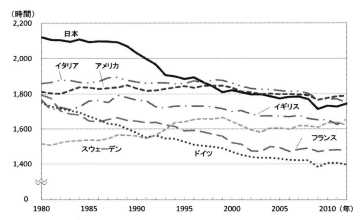

1人当たり平均年間総実労働時間 （就業者）

(独立行政法人労働政策研究・研修機構HP「データブック国際労働比較2014」より抜粋)

　OECDのデータベースによると，1人当たり平均年間総実労働時間は，2011年で，日本は1,728時間，アメリカは1,787時間，イギリスは1,625時間，ドイツは1,413時間，フランスは1,476時間，イタリアは1,774時間となっている。このほかで長時間労働なのは韓国の2,090時間であり，労働時間が短いのはオランダの1,379時間である。

　日本は先進国では労働時間が長いほうであるものの，アメリカやイタリアよりは短いし，カナダ（1,702時間）とも，それほど変わらない。むしろ，オランダ，ドイツ，フランスが突出して短い

ともいえる。

　欧州では,以下にみるEU指令によって,ある程度の規制の平準化が図られているため,普通に考えると各国間でそれほど差がつくとは思えない。イタリアで労働時間が比較的長いのは,パートタイム労働者の比率が相対的に低いことなどの理由が考えられる（オランダはパートタイム労働者の比率が高い）。

　日本の労働時間も,公式統計に含まれない,いわゆる「不払（サービス）残業」も加味して考える必要があり,平均的な労働時間数の比較だけで,労働時間の実態を語ることには慎重でなければならない。

　とはいえ,各国の労働時間の実態を正確に把握するのは至難の業である。そこで本書では,比較的情報を得やすい法制度的な面からアプローチして,各国の労働時間に迫ることとしたい。もちろん,平均労働時間と同様,法制度だけをみても,その実態までわかるわけではないことは,私たちの日本法の例を挙げるだけで十分であろう。ただ,法制度をみるとその国の労働時間規制のスタンスを知ることができるのであり,そのことは日本法における今後の労働時間規制を考えていくうえで,有用な情報となろう。

　そこで以下では,アメリカに加えて,EU指令とEUの主要国（イギリス,ドイツ,フランス,イタリア）の労働時間制度をみることとする（この5カ国の労働時間制度については,情報は古くなったが,労働協約の実態もふまえた貴重な文献として,山口ほか1988がある）。

2　割増賃金規制中心のアメリカ

シンプルな規制

　アメリカ（連邦法）の労働時間規制はきわめてシンプルである。現行の規制は1938年に制定された公正労働基準法（Fair Labor

Standards Act；略称はFLSA）によるもので，その内容は，雇用主は，労働者を賃金率の150パーセント以上の率で賃金を支払わないかぎり，週40時間を超えて労働者を使用することができないというものである。つまり，通常の50パーセント以上の割増賃金を支払えば，週40時間を超える時間外労働は，法律上は，無制限にさせることができる。労働協約の締結も，行政官庁への届出も不要である。

　なお，週40時間の規制については，一定の要件下に，労働協約による変形制（26週単位と52週単位）が認められている。

　週40時間の規制には罰則はない（つまり時間外労働に対する罰則はない）が，割増賃金の故意の未払いに対しては，罰則がある。このほか，日本の付加金制度（労基法114条）のモデルとなった附加賠償（liquidated damages）の制度もある。

ホワイトカラー・エグゼンプション

　FLSAは，一定のホワイトカラーについて，労働時間規制の適用除外（エグゼンプション）を認めている。詳細は，連邦労働省の制定した規則（Regulations）で定められている。基本的には，賃金額の高さ，賃金の支払われ方，職務の3つが判断基準となる（労働政策研究・研修機構2012も参照）。

　第1の賃金の高さは，「俸給水準テスト」と呼ばれ，週455ドル以上であることが必要である。年収が10万ドル以上の場合には，以下の職務テストの要件が大幅に緩和されて，ほとんどの場合，エグゼンプションが認められる。

　第2の賃金の支払われ方は，「俸給基準テスト」と呼ばれ，週単位以上で，何らかの仕事をしていれば，一定の最低保障給がなければならない，というものである。労働の質や量が不足してい

ることを理由に，そこから減額があるような場合には，このテストをパスしない。もっとも，許される減額もあり，それに該当するかどうかをめぐり紛争が多発している。

第3の職務については「職務テスト」と呼ばれ，管理的職務，専門的職務，運営的職務のいずれかに該当しなければならない。

管理的職務とは，2人以上の労働者を常時監督し，主たる職務が管理にあり，他の労働者の処遇（採用，解雇，昇進，配置など）に相当な影響力をもつ労働者の職務である。

専門的職務は，学術的専門職（弁護士，医師，歯科医師など）と創造的専門職（芸術家など）とに分けられる。その範囲は比較的明確である。

運営的職務は，その範囲が最もあいまいで争いが多い。その基準は，「管理または事業運営全体に直接関係し」，かつ，「その主たる部分において，重要事項に関する独立した判断と裁量を必要とする」職務である。

日本との比較

アメリカは，時間外労働について事由制限も上限規制もなく，日本と同じ軟式労働時間規制を採用している。ただ，制定当初の日本の労基法と比べると，アメリカは，1週の労働時間は40時間で，割増率が50パーセント以上という点で，日本より規制が厳しかった。一方で，アメリカには1日の法定労働時間がない点では，日本より規制が緩かった。

日本とアメリカの最も大きな違いは，法定労働時間を超える時間外労働に対して，アメリカでは割増賃金の規制しかないのに対して，日本では罰則や三六協定の締結・届出という厳格な規制があることである。このため，アメリカの労働時間規制は，割増率

が高く設定されているとはいえ，日本だけでなく，以下にみる欧州の規制と比べても，全体的にみるときわめて規制の緩い国といわざるをえない。アメリカ法のホワイトカラー・エグゼンプションは有名であるが，原則となる規制が厳しくないことを考慮に入れておかなければ，適用除外のインパクトを正確に測ることはできないだろう。

3　欧州連合の労働時間指令

EU（欧州連合）では，1993年に労働時間に関する最初の指令が制定された（93/104/EC）。その後，2000年に改正されたあと（2000/34/EC），現在の指令となっている（2003/88/EC）。以下，とくに断らなければ，「労働時間指令」という場合には，この2003年の指令を指す。指令は，各加盟国によって，その内容を国内法化することが義務づけられている。

労働時間指令の内容

労働時間指令には，主として，次のような規制がある。

① 1日（24時間）において，連続11時間以上の休息を付与しなければならない。

② 6時間を超える労働日につき休憩を付与しなければならない（その時間や付与条件は，労働協約や国内法によって定められる）。

③ 7日ごとに，11時間の休息に加えて，連続24時間以上の週休を付与しなければならない。

④ 1週の労働時間は，時間外労働を含めて，48時間を超えてはならない。

⑤ 最低4週間の年次有給休暇を付与しなければならない。雇

用終了時を除き,代替手当の支給で置き換えてはならない。
⑥ 深夜労働者(通常の労働時間のなかの3時間以上が深夜［深夜0時から朝5時を含む7時間以上の時間帯］である労働者)について,通常の労働時間が,24時間単位で,平均8時間を超えてはならないし,無料の健康診断を実施し,深夜労働に起因する健康障害がある場合には配転させなければならない。

また,変形制として,③の週休制については,14日以下の期間ごとに,連続24時間以上の週休を2度付与することでもよい,④1週の労働時間については,4カ月以下の単位で平均して,48時間以内の上限であってもよい,などが定められている。

以上,要するに,EUの労働時間規制の骨格は,①1日単位の休息規制,②休憩,③週休,④1週の労働時間の上限,⑤年休,⑥深夜労働者の労働時間規制にある。日本法との比較でいうと,EUは,休息を中心とした規制であり,労働時間は1週単位(4カ月単位の変形制が認められているが)で厳格に規制されている反面,割増賃金規制がないところが特徴である。深夜労働も,深夜を含む時間帯に働く労働者の健康保護という視点が明確であるところが興味深い。

幹部労働者への適用除外

労働時間指令では,加盟国は,労働者の安全や健康の保護という一般原則を適切に遵守したうえで,業務の特性から,労働時間の長さを算定したり,事前に決定されたりせず,あるいは,労働者が自ら決定している場合には,①連続11時間以上の休息,④1週の労働時間の上限,⑥深夜労働時間の上限規制などの規制を遵守しなくてよいとされている。そうした労働者の具体例として,幹部管理職や,その他の独立した決定権限をもつ者が挙げられて

いる。

4 オプト・アウトが特徴のイギリス

イギリスで労働時間を規制しているのは，労働時間規則(Working Time Regulations 1998) である。同規則によると，イギリスの労働時間規制の内容は，次のようになる。

上限規制と違反に対する制裁

労働時間の上限は，17週の基準期間ごとに，時間外労働も含めて，各7日平均で48時間とされている。ただし，個々の労働者が事前に書面で合意すれば適用除外とすることができる。これを「オプト・アウト」という。このオプト・アウトの存在は，労働時間指令の特例条項に根拠のあるもので，1993年の指令の制定の段階において，イギリスへの適用を考慮して導入されたものである。しかし，こうした特例条項については，他のEU加盟国からの根強い廃止論もある。なお，イギリスでも，労働時間指令と同様，時間外労働に対する割増賃金規制は存在していない（ただし，実際には契約等に基づき支払われているようである）。

雇用主には，通常の労働時間の上限規制と深夜労働者の労働時間の上限規制について，それが遵守されるための，あらゆる合理的な手段を，労働者の健康と安全の保護の必要性を維持しながら，講じることが義務づけられている。労働時間規則の違反に対する罰則は，主として，これらの義務に違反した場合に科されるものである。

時間外労働

労働協約により，客観的理由，技術的理由，労働の編成に関す

第4章 欧米の労働時間法制は，日本とどう違っているのだろうか？　95

る理由があれば，基準期間を17週から52週まで延長することができる（その他にも，一定の例外的な場合には，協約がなくても，26週までの延長が可能である）。厳密に言うと，時間外労働の規定ではないが，実質的には，それに近い機能をもつ。

休息規制

　休息については，労働時間指令に則したものとなっている。24時間ごとの連続11時間以上の休息権が認められているし，毎週，24時間以上の連続休息（週休）の権利も認められている。後者は，各14日の範囲内において，それぞれ連続24時間以上の2休息か，連続48時間以上の1休息の付与でもよい。さらに，1日の労働時間が6時間を超える場合における20分以上の休憩を取得する権利も認められている。

深夜労働

　「深夜労働者」（労働時間指令とほぼ同じ概念）の通常の労働時間は，17週の基準期間において，24時間ごとの平均で8時間を超えることはできないとされ，無料の健康診断や健康に問題がある場合の配転も規定されている。

幹部労働者への適用除外

　労働時間規制が適用除外される労働者カテゴリーはいくつかあるが，とくに重要なのは，「幹部管理職」とその他の「独立した決定権をもつ者である（労働時間指令と同じ）。

イギリス法の特徴

　イギリスの労働時間規制は，労働時間指令とほぼ同じであるが，

1週の最長労働時間規制について，オプト・アウトが認められているところに特徴がある。このことは，労働時間の長さについては，労働者の自己決定が尊重されていることを意味する。

　規制の手法としては，イギリスでは，17週平均で週48時間とすることをデフォルト・ルール（default rule）とし，そのルールから特段の合意をした場合にのみ逸脱できるという形の任意法規が採用されているとみることができる。

5　時短先進国のドイツ

　ドイツでは，日本の労基法のような体系的な労働者保護立法はないものの，個別領域で法律が設けられている。労働時間については労働時間法という法律がある（現在の法律は1994年に制定されたものである）。ドイツでは，年次有給休暇については，労働時間法とは分けて，別の法律で規制がなされている（⇒第6章3）。

　労働時間法は，その目的として，労働者の安全と健康を保障すること，および，弾力的な労働時間の枠組みを改善すること，としている。

労働時間の上限規制

　労働時間法によると，1日の労働時間は8時間を超えてはならない。これは日本と同じようであるが，6暦月または24週以内の期間を平均して1日の労働時間が8時間を超えていなければ，1日の労働時間は10時間まで延長することができる。

補論　閉店法

ドイツでは閉店法という有名な法律があり、小売業の営業は、平日および土曜日は6時から20時までに制限され、日曜日と祝日の営業は禁止されている。ただし、2006年以降は、規制権限は連邦から州に委譲されたため、各州で独自の規制がなされている。

時間外労働

時間外労働等については、次のような例外的にこれを認める規定がある。

第1に、緊急の場合および非常の場合における一時的労働については、労働時間の上限規制、深夜労働者の労働時間規制、休息・休日に関する規定を適用しないことができる。

第2に、比較的少数の労働者が、その不履行により労働の成果に危険を及ぼし、または不当に大きな損害を及ぼす結果となりえるような労働に一時的に従事する場合、研究および教育の仕事、延期できない準備後始末運動、延期できない治療・介護等で、雇用主の他の予防措置が期待できない場合には、労働時間の上限規制、深夜労働者の労働時間規制、休息時間および日曜・祝日の休息に関する規定を適用しないことができる。

このほかに、監督官庁の許可を受けた場合の例外もある。

休息規制

休憩は、6時間を超えて9時間までの労働時間においては30分以上の、9時間を超える労働時間においては45分以上付与しなければならない。休憩時間は分割可能であるが15分以上でなければ

ならない。7時間を超える連続就労は禁止されている。

1日の労働時間の終了後に連続した11時間以上の休息時間が与えられなければならない。

休日については、日本と異なり、日曜・祝日の休息として規定されている。すなわち、日曜および法定祝日の零時から24時までの就労は禁止されている。日曜労働および祝日労働は、法所定の場合（緊急業務、救急業務、消防業務など）で、かつ、平日に行うことができない場合にのみ認められる。日曜の休日は、年間15日以上は保障されなければならない。日本法との比較で言うと、休日が法律上特定されていること、休日労働事由が法律上限定されていることが重要である。

深夜労働

深夜労働についての規制もある。まず深夜とは23時から6時を指し、そのうちの2時間以上の労働を深夜労働という。そして、深夜労働者とは、交替制勤務において、通常、自らの勤務時間として深夜労働に従事しなければならない者または1暦年間に48日以上深夜労働に従事する労働者を指す。深夜労働者の1日の労働時間は、8時間を超えてはならない。1暦月以内または4週間以内の平均が1日8時間を超えない場合にのみ、1日10時間までの労働が許される。通常の労働者に関する規定よりも、変形期間が短くなっている。

法違反に対する制裁

最長労働時間の規制などの労働時間規制に故意または過失で違反した場合には、15,000ユーロ以下の過料が科される。故意に健康や労働力に危険を及ぼした場合には、1年以下の自由刑か罰金

刑が科される。

幹部労働者への適用除外

労働時間規制の適用除外を受ける労働者のなかに，管理的職員（leitende Angestellte）がいる。これはドイツの従業員代表に関する法律である事業所組織法（Betriebsverfassungsgesetz）の5条3項に定義されるもので，それによると，次のいずれかの要件を満たす者を指す。すなわち，①従業員の採用または解雇に関する独立した権限をもっていること，②使用者の代理権を少なからず保有していること，③原則として，企業または事業の存続発展にとって重要で，その履行には特別な経験や知見が前提となるような任務を与えられており，本質的な部分で指揮を受けずに自由に決定をすることができるか，決定に大きな影響力を及ぼすこと，である。

ドイツ法の特徴

ドイツの労働時間規制は，他国と異なり，1週当たりの労働時間規制がなく，1日の労働時間の上限を8時間と設定しているところに特徴がある。もっとも，この8時間は，日本法の法定労働時間と同じような意味のものではなく，いわば6カ月単位の変形制で，その総枠の範囲内では1日10時間まで許容されている。

さらにドイツでは，時間外労働は原則として禁止であり，割増賃金が法定されていないところも特徴的である（1994年の現行法となる際に，法的義務づけは撤廃された）。ただし，労働協約では，所定労働時間を超える労働時間に対して割増賃金が規定されているのが通常である。

また，ドイツの労働協約や事業所協定（事業所レベルでの従業

員代表と雇用主との間の協定）では，所定労働時間をベースに，所定外労働は積み立てて休暇などによって引き出し，先に休暇をとって引き出したときは，後で勤務して積み立てるという労働時間積立口座制度（Arbeitszeitkonten）が普及している。これは，割増賃金制度とは異なる，時間外労働の弾力的な管理システムということができよう（藤内2013など）。

　要するに，ドイツ法の特徴は，労働時間の法的規制は，1日8時間（変形制の下で10時間）という基準を厳格に適用し，その他は休息規制を行うことが中心であり，それ以上のことは労働協約にゆだねているところにある。

🌱 補論　従業員代表の関与

　ドイツ特有の法制度として，従業員代表である事業所委員会（Betriebsrat）に共同決定権（Mitbestimmungsrecht）が付与されている点が挙げられる。労働時間に関しては，1日の始業時刻と終業時刻，休憩，週日の各日への労働時間の配分と当該事業所の通常の労働時間の一次的な短縮または延長が，共同決定事項となっている。

　日本でも，就業規則において，始業時刻，終業時刻，休憩，休日，休暇などは必要的記載事項となっている（労基法89条1項1号）。しかし，日本では，雇用主は労働者の過半数代表の意見を聴取するだけでよいのに対して，ドイツでは，事業所委員会の同意が必要であり，もし同意がなければ仲裁委員会（Einigugsstelle）の裁定で決める，というように，雇用主の一方的決定を許さない仕組みになっている。

6　週35時間の国フランス

　フランスには労働法典があり，労働時間は，その労働法典のL.3111-1条以下に規定がある。

労働時間の上限規制

　法定労働時間（durée légale du travail）は，週35時間となっている。これを超える時間外労働（heures supplémentaires）は，年間割当（contingent annuel）の範囲内で認められる。年間割当の時間数は労働協約にゆだねられるが，その定めがない場合には220時間となる。

　法定労働時間とは別に最長労働時間（durée maximale）があり，これは1日10時間（労働協約の規定があれば12時間），1週48時間となっている。また，どの連続する12週の平均でも，1週44時間を超えてはならない。

　最長労働時間を超える労働は，例外的に行政官庁の許可を得れば可能であるが，その場合でも週60時間を超えてはならない。

割増賃金

　法定労働時間を超える時間外労働に対しては，最初の8時間は25パーセントの割増率，それより長い場合には50パーセントの割増率の支払いが義務づけられている。労働協約により，法定と異なる割増率を設定できるが，そのときでも10パーセント以上でなければならない。時間外労働が年間割当を超える場合には，代償休息（contrepartie obligatoire en repos）を付与することが義務づけられる。

　割増される賃金の全部または一部は，労働協約により代替休暇

（repos compensateur de remplacement）の付与でまかなうとすることができる。代替休暇が付与された時間外労働は，年間割当に算入されない。

定額払制

フランスには割増賃金込みの賃金の定額払い（forfait）の制度がある。これにも，一定の労働時間とそれに対応する賃金を合意するタイプのもの（時間定額制：forfait en heures）と，一定の労働日数とそれに対応する賃金を合意するタイプのもの（日数定額制：forfait en jours）とがある。

時間定額制は，一定の賃金を，時間外労働を含む一定の労働時間に対して合意するものであり，その労働時間数は週単位ないし月単位で定めるタイプと，年単位で定めるタイプとがある。定額制の合意は書面でなければならない。

週単位ないし月単位の時間定額制は，その他のタイプの定額制とは異なり，労働協約の締結要件はなく，対象労働者の制限もない。合意される賃金額は，合意される時間数に対して，その企業内で適用可能な最低賃金（rémunération minimale）以上でなければならず，合意された時間数を超えて働いた場合には，法定よりも高い割増率が適用される。

年単位の時間定額制は，適用対象者は限定され，その職務の性質上，集団的な労働時間管理ができない幹部職員（cadres）か，自らの労働時間の編成について現実に独立性をもっている労働者だけである。この制度を適用する場合には，個別的合意だけでなく，労働協約の締結が要件となり，そこで具体的な適用対象者や年間の労働時間数などを決定する。

年単位の日数定額制も，個別的同意だけでなく，労働協約の締

結が要件となる。この制度のポイントは，法定労働時間の規定（週35時間），1週の最長労働時間（48時間または連続12週間の平均で44時間）が適用されないことにある。つまり，これは後述の適用除外とはまた別のホワイトカラー・エグゼンプションといえる。

年単位の日数定額制の適用対象となるのは，自らの労働時間の編成について独立性をもち，かつその職務の性質上，集団的な労働時間管理ができない幹部職員か，労働時間を事前に決定することができず，与えられた責任を果たすために自らの労働時間の編成について現実に独立性をもつ労働者である。年間労働日数は，労働協約により決められるが，218日を超えることはできない。

労働者は，合意された年間労働日数を超えて働くこともできる。その場合には，雇用主との書面による合意により，割増賃金の代替となる休日の一部を放棄することができるが，年間労働日数は，労働協約で定める日数（規定がないときは，235日）を超えてはならない。また，休憩，休日，年次有給休暇などの規定は適用される。個別的合意のなかでは，所定の年間労働日数を超える労働時間についての割増率（10パーセント以上）を定めるものとされている。

雇用主は，毎年，年単位の日数定額制を適用されている労働者との間で，労務の負担，労働時間の編成，職業生活と個人・家庭生活との調整，賃金に関する面談を行わなければならない。

休息規制

一般の規制に説明を戻そう。労働者は，1日の労働時間が6時間を超えれば，20分以上の休憩時間を取得することができる。連続11時間以上の休息も保障されている。週休は，連続24時間以上であり，労働者の利益のため，日曜が週休となる。日曜労働は，

法所定の例外の場合（緊急工事など）にのみ認められ，一部の例外を除き，法律上は割増賃金を義務づけられていない。

深夜労働

深夜労働は，原則として，21時から6時の労働を指す。そして，原則として，通常の労働時間において，週に2回以上，深夜労働を3時間以上行う労働者が，深夜労働者となる。深夜労働者の労働時間の上限は8時間である。また，どの連続する12週の平均でも，1週40時間を超えてはならない。深夜労働者には，代償休息か金銭補償の権利がある。深夜労働者に対する特別な健康チェックの規定や昼間の労働への復帰に関する規定もある。

法違反に対する制裁

労働時間規制（最長労働時間など）に違反した場合には，刑罰のなかでは最も軽い部類の違警罪（contravention）の第4級として規定される罰金が適用される。

幹部労働者への適用除外

幹部職員のなかでも，「経営幹部職員（cadres dirigeants）」は，労働時間規制の適用除外となる。経営幹部職員の資格をもつとされるのは，その時間利用において大きな独立性を必要とするほどの重大な責任が与えられ，広く独立した決定をする権限を与えられ，かつ，当該企業ないし事業所における賃金体系のなかで最高水準の賃金を受領している者である。

フランス法の特徴

フランスは，ドイツとは異なり，割増賃金の支払義務が法律で規定されている。割増賃金の支払義務の発生する時間外労働は，週35時間（法定労働時間）を超える労働であり，年間の上限があるが，割増率は労働協約により弾力的に決定することができるし，定額払制も法制化されていて，一定の弾力性がある。一方で，法定労働時間以外に最長労働時間の規制があり，それは1日10時間，1週48時間（連続12週の平均で44時間）となっていて，比較的厳格な規制となっている。

7 日本と似た歴史をもつイタリア

イタリアでは，1925年に制定された労働時間令という法律で1日8時間，1週48時間が法定労働時間とされていたが，1997年の法改正で，1週の法定労働時間は40時間に引き下げられた。この流れは，日本の労働時間規制の歴史と似たところがある。

その後，2003年の法改正で，現在のEUの労働時間指令の1つ前の2000年の指令を国内法化するための法律が制定され，これまでの労働時間規制は抜本的に見直された。

労働時間の上限規制

労働時間の上限規制は，週40時間である。これは「通常の労働時間」の規制であり，時間外労働は含まない。労働協約によって，1年以内の範囲の変形制を導入することは認められている。

時間外労働を含めた最長の週労働時間は，労働協約で定める。ただし，4カ月（労働協約により12カ月まで引上げ可能）以内の期間における各7日間の平均で，48時間を超えることはできない。かつては，従業員数15人を超える事業所では，雇用主は，週48時

間を超える時間外労働について，行政機関に通知しなければならなかったが，この規制は撤廃された。

時間外労働

時間外労働の利用は，「抑制的で」（contenuto）なければならない。時間外労働については，労働協約で規制するが，適用可能な労働協約がない場合には，年間250時間以下で，かつ労働者の事前の同意がある場合にのみ認められる。時間外労働は，労働協約の別段の規定がないかぎり，①例外的な技術的・生産的必要性がある場合で，他の労働者を採用することによって対処することができない場合，②不可抗力の場合，または，時間外労働をしないと，重大かつ即時の危険を引き起こす場合もしくは人や生産に損害をもたらす場合，③特別なイベントがある場合（事前に組合代表などへの通知が必要），のいずれかに該当するときにしか認められない。

時間外労働は，別途に計算され，労働協約で規定する割増賃金を支払われなければならない。休暇で代替することも可能である。割増率は法定されていない。

休息規制

休息は，各24時間において，原則として連続で11時間を請求することができる。1日の労働時間が6時間を超える場合には，休憩を与えなければならない。その時間は労働協約で規定されるが，規定がない場合には，10分以上でなければならない。

週休は，7日ごとに，連続する24時間以上の休息を請求することができる。この休息は原則として日曜日でなければならない。この休息時間は，14日以下の期間での平均で計算して付与するこ

とができる。休日規制は，交替制などの場合には例外が認められているし，これに加えて，労働協約で異なるルールを設けてもよいが，その場合には，代休を付与するか，それが客観的な理由で不可能な場合には，適切な保護を与えなければならない。

深夜労働

　労働協約は，深夜労働から排除することのできる労働者の要件を定めるものとされている。深夜労働の導入の際には，雇用主は，事前に労働組合と協議しなければならない。深夜労働者の労働時間は，原則として，24時間の平均で8時間を超えてはならない。深夜労働者の健康状態の評価は，雇用主の費用でなされなければならない。健康状態の問題が確認されたら，昼間の勤務に異動させなければならない。

法違反に対する制裁

　罰則は，深夜労働者に対する健康チェックに関する規定に違反した場合（3カ月以上6カ月以下の拘留または1459ユーロ以上4131ユーロ以下の罰金）以外は，行政罰の過料である。たとえば，週48時間という上限規制に違反した場合には，違反に関係する各労働者と各期間ごとに，780ユーロ以下の過料が課される。

幹部労働者への適用除外

　労働時間の上限規制，時間外労働，1日単位の休息，休日，深夜労働に関する規定は，上級管理職，経営上の指揮権をもつ労働者，独立した決定権限をもつ労働者には適用除外となる。

イタリア法の特徴

イタリア法は，週の通常の労働時間を40時間とし，それを超えた時間外労働には割増賃金の支払いを雇用主に義務づけているが，割増率の設定は労働協約に任せている。時間外労働を含めた週の労働時間の上限は48時間であるが，労働協約によれば12カ月単位の変形制も認められている。ただし，時間外労働には年間の上限があるし，労働者の同意が必要であることが明文で定められている。

8 比較法から浮かび上がる日本法の特徴

各国の労働時間規制をみると，アメリカのように上限規制を設けず，週40時間を超えたところで，割増賃金の支払いのみ命じるタイプと，欧州のように上限規制を設けているタイプとがある。

欧州の上限規制も，絶対的な上限規制のみ定めるタイプ（上限規制型）と，それに加えて，割増賃金の支払いが命じられる労働時間の基準も追加的に法定しているタイプ（割増賃金併用型）とがある。労働時間指令は上限規制として週48時間を定めていて前者のタイプであり，フランスやイタリアは後者のタイプである。

また，後者のタイプでも，割増率については，フランスのように法定のものもあれば，イタリアのように支払いのみ義務づけて，割増率は労働協約にゆだねているものもある。

このほか，上限規制型でも，イギリスは，オプト・アウトが認められているので，規制の強度は低く，またドイツは，1週ではなく，1日の絶対的な上限（10時間）を規定しているなど，バリエーションがある。

一方，深夜労働者に対する厳格な保護規制，1日単位の連続11時間の休息の確保（勤務間インターバル），1日の労働時間の途中

休憩，週休（2週で2日）の保障などは，労働時間指令に則して，ほぼ共通した内容の規制が各国で導入されている。

　以上のように，現在の欧州の労働時間規制は，絶対的上限の設定（および時間外労働の限定），休息の確保，深夜労働者の保護が中心である一方，アメリカや日本の労働時間規制の特徴でもある割増賃金規制は，労働時間指令に含まれていないことからもわかるようにメインの規制ではない。

　また，欧州では，労働時間規制について，週の上限規制に対するものをはじめ，多様な変形制を認めていることや，労働協約による規制からの逸脱（derogation）が広く認められていることなど，一定の弾力性が与えられている。

　ひるがえって日本法をみると，労働時間の規制について，1週と1日の両方の労働時間規制があり，その違反に対して罰則が定められていること，割増賃金について支払義務と割増率のいずれも法定されていること，三六協定という労使協定の締結と行政官庁への届出が義務づけられていることなどは，外国との比較でみてもかなり強い規制である。

　その一方で，とくに欧州諸国との比較からは，労働時間の絶対的上限がないこと，深夜労働者に対する労働時間の上限規制がないことなどが，日本法の特徴として浮かび上がってくる。

　さらに，現実の労働時間をめぐるルールについて，欧州では，労働協約（主として産業別協約）が中心的な役割を果たすことが期待され，現実にもそうである。本章1でみたように，労働時間指令があっても，各国の労働時間の長さに違いがあるのは，パートタイム労働者の活用の程度なども含め，労働時間の短縮の実現に向けた労使（とくに産業別組合）の取組みの程度に違いがあることもその要因だろう。

日本の三六協定方式は，労使による時間外労働の管理をめざしている点で，欧州との共通性はあるが，企業内の労働者代表にすぎない過半数代表と欧州で主流の産業別組合とでは実際の「管理力」は比較にならないだろう。

　最後に，アメリカも欧州も，一定の幹部職員に対する労働時間規制の適用除外が認められている。こうした制度としては，アメリカのホワイトカラー・エグゼンプションが有名であるが，欧州でも，経営上の権限を有するような労働者や，その職務遂行において独立した決定権をもち，労働時間の編成を本人の大幅な裁量にゆだねられているような幹部労働者は，適用除外が認められている。

　日本では，ホワイトカラーに対する一般的な適用除外制度としては，労基法41条2号の管理監督者等しかなく，実務での運用はともかく，本来の適用対象者はきわめて限定的である。1987年の専門業務型裁量労働制および1998年の企画業務型裁量労働制の導入により，一定のホワイトカラーについては，労働時間のみなし制という方法での労働時間規制の緩和がなされたものの，その適用要件が厳しいために，それほど普及していない（⇒第2章）。そのため，比較法的にみてエグゼンプションにふさわしいと思われる労働者に対して，適切にエグゼンプションが及んでいるかについては疑問が残る。

第5章

日本の労働時間規制のどこに問題があるのか？

　日本の法律では、週40時間労働とされているし、割増賃金規制もあるし、三六協定の締結や届出も義務づけられている。立派な法規制のようにも思える。でも、よくみると問題山積みだ。

　第1に、上限規制が生ぬるい。第2に、過半数代表は、企業のイエスマンであって、時間外労働のチェック機能が働かない。第3に、大した必要性がなくても時間外労働をさせることができる。第4に、割増賃金はごまかしが横行して、企業に対するペナルティ機能を果たしていない。第5に、労働者のほうも、割増賃金があると、長時間労働をそれほど嫌がらなくなる。第6に、残業になると労働時間にカウントできるかどうかがわからない仕事が多く、割増賃金を正確に算定することが難しい。第7に、課長や店長には、わりと簡単になれるが、そうなると割増賃金がもらえなくなってしまう。第8に、週に1度の休日といっても、出勤させられることが少なくない。

　これでは、やはり立派な労働時間規制があるとは言いづらい。

1 労働時間規制のモデル

規制手法はそれほど多様ではない！

　労働時間を法的に規制する手法は，それほどバリエーションに富むものではない。標準的な規制パターンは，労働時間の絶対的な上限を設定するパターンである。ただし，絶対的上限を設定しても，一定の例外を設けることは避けられない。たとえば，業種や職種の特殊性ゆえの規制の適用除外は，どの国でも程度の差はあれ認められている。

　また，絶対的上限の水準を引き上げる（上限時間を短くする）と，どうしても上限を超える例外を広く設けざるをえなくなる。それにより，「絶対的上限」は「原則的上限」に変わっていくこともあろう。

上限規制に対する例外のパターン

　上限規制に対する例外をどのように設定するかについても，パターンがほぼ決まっている。それは①例外事由の限定，②例外の労働時間数の上限，③行政官庁の許可または行政官庁への届出である。また，これらと，ときには重複して，④労働者代表の関与が定められることがある。④は労働者代表の関与する協定に全面的にゆだねる場合と，法律で原則的基準を設けておいたうえで，労働協約によってそれと異なる定めを許容する場合（デロゲーション（derogation）方式）などがある。

　このほか，上限規制の例外の一種ともいえる変形制を導入して，1週単位あるいは1日単位の規制を，より長い期間の総枠規制とする手法もある。この手法に対しては通常，上限規制の「例外」ではなく，「弾力化」という表現が用いられる。

間接的な規制手法としての割増賃金

　労働時間の上限規制が直接的な規制手法であるとすれば，上限を超える労働時間に対して雇用主に割増賃金の支払いを義務づけて，労働時間のコストを高めることにより長時間労働を抑止するのは，間接的な規制手法といえる。この間接的な規制手法は，日本では，直接的な規制手法が機能不全となるなか，重要性の高いものとなっているが，EUの労働時間指令には含まれていないし，日本でも工場法の時代には存在していなかったことは，前述のとおりである。

　たしかに，日本の労基法が参考にしたアメリカの公正労働基準法では，労働時間規制としては1週40時間を超える労働に対する50パーセントの割増賃金規制しかないため（⇒第4章2），日本では，割増賃金こそ労働時間規制の中心にあると考えがちである。しかし，比較法的にみると，直接的な規制手法がないアメリカはむしろ例外で，欧州だけでなく日本も，規制手法という点では，労働時間の上限規制という直接的な規制手法が中心となっている。

日本で機能不全の直接手法

　では，日本ではなぜ，この直接的な規制手法が機能不全になってきたのだろうか。

　そこには，雇用主の労働時間規制に対する無知あるいはコンプライアンスの意識の欠如といった問題があることは否定できない。また，労働者側も，法律で認められている自らの権利の内容を十分にわかっていないことから，雇用主側に法律の遵守を求める圧力がかからないという問題もあろう。ただ，もし問題がこれらだけであるならば，とるべき対策は比較的容易である。法律に関する情報の普及をしたり，法律の遵守（コンプライアンス）や履行

確保(エンフォースメント)の強化をすればよい。

しかし、ほんとうにそれだけで問題は解決するだろうか。私は、日本の労働時間規制が機能不全に陥っていることは、法規制の内容それ自体にも原因があると考えている。そこで、第2章の記述とも若干重なる部分があるが、以下において、この点について詳しく検討を加えることとする。

2 日本の労働時間の上限規制の特異性

絶対的上限の欠如

すでに繰り返し述べているように、日本には、労働時間の絶対的上限がない(例外は、坑内労働等健康上とくに有害な業務についての1日2時間の上限[労基法36条1項ただし書、労基則18条])。日本法において、いちおう「絶対的上限」に相当しうるのは、三六協定で定めることができる時間外労働の上限(限度時間)を定めた限度基準である(労基法36条2項)。ただ、第2章2でも触れたように、限度基準には私法上の効力がなく(同条3項)、その履行確保は行政指導によるものである(同条4項)。さらに、「特別条項付き」の三六協定は、臨時の場合に限定して締結するものとされているものの、基本的にはその運用は労使にゆだねられている。また、労働時間の上限については、「特別条項付き」の三六協定があれば、実質的には制限がない。

つまり、日本の労働時間規制には、「絶対的上限」が存在していないのである。

日本でなぜ絶対的上限がなかったのか?

日本でも、労基法の制定当初は、「絶対的上限」規制を導入しようとする議論があったようである。野田進教授は、当時、1日

の上限を8時間にするか，9時間にするかをめぐる議論があるなか，政府は，8時間制を守るために，時間外労働の事由を限定する硬式労働時間規制方式をとらず，さらに時間外労働の上限を導入せず，（アメリカより低い）25パーセントの割増水準を受け入れる必要があったのではないか，と推測する（野田2000・90頁）。つまり，「絶対的上限」の放棄は，雇用主に法定労働時間を1日8時間の水準とすることを受け入れさせるための交換条件だった可能性があるのである。

また，労基法制定当初の1週48時間という水準は，当時の国際労働基準にほぼ沿ったものだったが，すでにアメリカやフランスのように1週40時間の国もあったことから，1週44時間の導入論もあったようである。しかし政府は，当時の日本の実情をふまえた最低基準としては48時間が適当と考えたようである（野田2000・91頁）。

おそらく1週48時間は，厳格な例外を認めつつも「絶対的上限」とすることが可能な水準だったと思われる。しかし，1日8時間のほうは，例外をある程度広く認めざるをえない水準だったであろう。そのため，法定労働時間として1週48時間と1日8時間をセットにしている以上，1週48時間も絶対的上限にはできなくなったのではないか，と推察される。

いずれにせよ，1987年の労基法改正で，1週の法定労働時間は40時間に引き上げられており，これはもはや「絶対的上限」とするに適さない水準である。

日本の法定労働時間は，軟式労働時間規制方式を導入していることもあわせて考慮すると，「原則的上限」にすぎないとみるべきである（菅野2012・326頁）。

原則的上限

　欧州において，現在の日本の法定労働時間と比較的近いのは，フランスの「法定労働時間」とイタリアの「通常の労働時間」である。フランスは1週35時間，イタリアは1週40時間である。フランスとイタリアは，これを超える時間外労働について年間の制限を定めており（フランスは220時間，イタリアは250時間が原則），また，割増賃金の支払いを義務づけている。その意味で，これらの国では，「法定労働時間」，「通常の労働時間」は「原則的上限」といえるだろう。

　ただ，これらの国では，労働時間指令に則した「絶対的上限」（原則として1週48時間）も定められている。罰則などの強い規制は「原則的上限」のレベルでは存在しないが，「絶対的上限」のレベルでは存在しているのである。

三六協定に頼る日本の規制

　現在の日本法では，1週40時間ないし1日8時間の法定労働時間を罰則付きで強制している。法定労働時間の規制の違反（時間外労働をさせること）に対する罰則は，三六協定の締結と行政官庁（労働基準監督署長）への届出という手続をふむと，免れることができるが，このことは，労働者の過半数代表が三六協定の締結に応じなければ時間外労働は合法とならないことを意味する。欧州の絶対的上限よりも厳しい「1週40時間かつ1日8時間」という水準の法定労働時間を設定したうえで，それを超える時間外労働の合法化を，労働者側の集団的同意にかからしめているのは，かなり厳格な労働時間規制といえよう。

　一方，外国では，時間外労働規制において重要な役割をもつ時間外労働の事由規制や上限規制（絶対的上限規制）も，日本では

三六協定の定めにゆだねられている。

　要するに法定労働時間を超える時間外労働の管理は，法による規制ではなく，労使によって実現しようとするのが日本法のアプローチである。こうした規制システムがうまく機能するかどうかは，三六協定によるチェックがどこまで機能するかにかかっている。

3　過半数代表は機能したか？

　三六協定を締結するのは，雇用主と過半数代表である。日本の労働時間法制では，過半数代表には三六協定の拒否権があり，これが行使されると，雇用主はおよそ合法的に時間外労働をさせることができなくなる。

大企業での過半数組合の役割
　平成25年の厚生労働省の「平成25年度労働時間等総合実態調査」によると，三六協定は大企業の94パーセントが締結している。アンケート調査における質問事項の立て方にもよるのかもしれないが，時間外労働があるにもかかわらず，三六協定の締結を拒否したという例は統計では現れてこない。上記の調査でも，「過半数代表から締結を拒否された」という回答は全企業でみても0.0パーセントだった。

　現実には，過半数代表も時間外労働の必要性を認識して三六協定を締結している可能性がある。時間外労働に対してきちんと割増賃金が支払われるのであれば，労働者側には不満がなく，大企業における高い三六協定締結率は，こうした事情を反映しているのかもしれない。大企業では労働組合の組織率が比較的高いので，労働組合が，さまざまな交渉事項とのかねあいのなか，組合員の

所得を上昇させることを可能とする三六協定の締結は，比較的受け入れやすいものだった可能性もある。

中小企業での過半数代表者

しかし，中小企業となると，ほとんどの事業場で労働組合は存在しない。厚生労働省の「平成25年労働組合基礎調査」によると，従業員数99人以下の労働組合では，推定組織率は1.0パーセントにすぎない。前記の「平成25年度労働時間等総合実態調査」によると，三六協定の締結率は，従業員数が30人未満の事業場になると52.5パーセントと大幅に減少する。その理由は，「時間外労働・休日労働がない」という回答も43.5パーセントあるが，次いで多いのは，「時間外労働・休日労働に関する労使協定の存在を知らなかった」という回答である（35.5パーセント）。

また，かりに法規制を知っていたとしても，労働組合がなければ，経営者のイニシアティブで，過半数代表者を選出しようとすることになる。経営者としては，過半数代表が三六協定を締結してくれないと，時間外労働や休日労働をさせることができず，経営に支障が出るからである。こうして，経営者の都合のよい過半数代表者が指名されることが起こりがちとなる。

もちろん，過半数代表者は，管理監督者（労基法41条2号）であってはならないし，それを選出することを明らかにして実施される投票，挙手等の方法による手続によって選出された者でなければならないとされ，さらに，過半数代表者であることや過半数代表者として正当な行為をしたことなどを理由とした不利益な取扱いは禁止されている（労基則6条の2）。

判例のなかには，過半数代表者の選出方法に問題があれば，その締結した三六協定が無効となり，時間外労働をさせることはで

きないとしたものもある（**トーコロ事件**〈最重判111〉）。ただ，こうした法的ルールがあるとしても，現実の過半数代表者の選出方法が適正に行われているかについては，十分にこれをチェックすることは容易ではないだろう。

過半数代表制の真の問題は何か？

ただ，適正に選出された過半数代表者であれば，労働者が時間外労働に対してほんとうに反対しているならば，三六協定の締結に応じなかったのではなかろうか。三六協定による時間外労働のチェックが十分ではなかった可能性は否定できないものの，それよりもむしろ，1日8時間の法定労働時間を超過する程度であれば，健康にただちに支障があるわけでもなく，割増賃金の支払いがあることによって所得が増えるメリットのほうが大きいと過半数代表者が判断して（前述の過半数組合と同様），あえて時間外労働に反対しなかった可能性もある。

労使が反対しそうにない時間外労働に，三六協定の締結や届出を法的に義務づけたことにより，三六協定の締結や届出は，時間外労働の労使による管理のための手段という性格をもたなくなり，時間外労働をオーソライズするための単なる「儀式」のようなものとなってしまった。こうして，この手続のもつ本来の重要性が次第に忘れられていくことになったのではないか，と思われる。それがひいては，三六協定の締結や届出をしないまま，時間外労働させるような違法事例をうむ背景的な事情になった可能性がある。

とくに問題なのは，三六協定の締結・届出の「儀式」化は，法定労働時間の「原則性」を希薄なものとし，時間外労働は限定的な場合において認められるもので，しかも本来は上限があるべき

ものであるという「例外性」に対する規範意識を鈍磨させたことである。

こうみると，過半数代表制の真の問題は，法定労働時間が高く（労働時間としては短く）設定されているにもかかわらず，それを超える時間外労働に過重な手続規制をかけたことに起因していることにある。

> ### 補論　三六協定の歴史的意義
>
> 寺本廣作氏は，労基法36条の解説のところで，三六協定の意義について，次のように書いていた（寺本1998・237頁。表記は現代語に修正している）。
>
> 「所定労働時間内の賃金が低劣である為，残業による割増賃金を特別の恩典であるかの如く誤解している向の多い我が国の労働界では，特に労働者の団体による開明された意思に基く同意を要件とすることが労働時間制に対する労働者の自覚を促進し，八時間労働制の意義を実現するために必要であると考えられた。かような方式による労働時間制は外国にはその立法例を見ないのであるが，我が国の現状に即応し民主々義的な方法により八時間労働制の意義を実現する為には必要な方法であると考えられたのである」。
>
> 過半数代表制が導入されたのは，個々の労働者が「収入の論理」で時間外労働に応じることのないよう，団体による「開明」された意思を介在させて，時間外労働の管理をしようとしたのである。この当初のねらいは，残念ながら，その後は定着しなかった。

4 時間外労働がどのような事由であっても許される日本

日本ではなぜ事由規制がないのか？

　日本の労働時間規制のもう1つの特徴は，時間外労働の事由が法律で明定されていないことにある。工場法では，時間外労働の認められる事由を限定する硬式労働時間規制が採用されていたが，労基法の制定過程では，ごく初期の段階で，硬式労働時間規制は放棄されていたようである（野田2000・93頁）。前述のように，最終的に硬式労働時間規制が採用されなかったことについては，法定労働時間を1日8時間という高めの水準に設定したこととも関係している可能性がある。

　工場法の時代は，時間外労働は，①天災事変，②不可避の事由による臨時的必要性，③単なる臨時的必要性，④季節的繁忙，⑤原材料の腐敗損失の防止の必要性がある場合において，それぞれに対応した行政の関与の下に認められ，さらに③〜⑤については，上限も設定されていた。

　労基法は，①と②に対応する部分については，33条で三六協定の締結なしに時間外労働をさせることができることとし（行政官庁の許可・届出の手続はある），③〜⑤に対応する部分については，事業経営上，通常，予見される臨時の必要性にすぎないので，三六協定による場合でなければ，時間外労働をさせることはできないとしたのである。

　しかし，三六協定は，③〜⑤に対応する事由しか，時間外労働の事由として定めることができないものではない。むしろ，いかなる時間外労働事由を定めるかは，過半数代表の判断に全面的にゆだねられることになったのである。

> **解説 工場法時代の時間外労働事由**
>
> 工場法における労働時間の上限規制（15歳未満の者および女子に対する1日12時間制）の例外は，8条で規定されていた。
> ① 天災事変のためまたは事変のおそれがあるために必要がある場合。主務大臣は，事業の種類および地域を限り，工場法の就業時間規定の適用を停止することができる（1項）。
> ② 避けることのできない事由により臨時の必要がある場合。工業主は，行政官庁の許可を得て期間を限り，労働時間の上限時間を延長することなどができる（2項）。
> ③ 臨時の必要がある場合においては，工業主は，その都度あらかじめ行政官庁に届け出て，1カ月に7日を超えない期間，就業時間を2時間以内延長することができる（3項）。
> ④ 季節により繁忙なる事業については，工業主は一定の期間につき，あらかじめ行政官庁の許可を受け，その期間中1年につき120日を超えない限り，就業時間を1時間以内延長することができる。この場合においては，その許可を受けたる期間内は前項の規定を適用しない（4項）。
>
> その後の法改正で，2項にただし書が設けられて，⑤急速に腐敗または変質するおそれのある原材料の損失を防ぐために必要がある場合には，継続4日以上にわたらず，かつ，1カ月につき7日を超えなければ，例外的に，行政官庁の許可は必要でないとされた。

三六協定だけでは，時間外労働を命じられない！

三六協定の届出書の様式には，「時間外労働をさせる必要のある具体的事由」を記載する欄がある。届出書と三六協定は，いちおう別のものであるが，実務上は，届出書が三六協定としての意

味ももっている。

 ただ，三六協定に時間外労働事由を記載し，労働基準監督署長に届出をしておけば，労働者に対して，当然に時間外労働を命じることができるというわけではない。実務上は，三六協定さえあれば，時間外労働命令を適法に発することができるという理解が一般的であるが，法的には，これは誤りである。

 雇用主が，三六協定を締結して労働基準監督署長に届け出るのは，1日8時間あるいは1週40時間という法定労働時間の上限を超える労働をさせても，罰則が課されないという効果があるだけである（免罰的効力）。三六協定の締結・届出は，時間外労働をさせる前提条件を設定するだけなのである。

 個々の従業員が，雇用主から発せられる時間外労働命令に従う義務があるかどうかは，労働契約によって決められる。たとえば，三六協定の締結・届出があっても，時間外労働はしないという特約を結んで採用されている労働者は，本人が同意をしないかぎり，時間外労働に従事する義務はない。

就業規則の残業規定の効力

 ところで，ほとんどの就業規則では，「業務上の必要性がある場合には，所定労働時間を超えて勤務を命じることがある」というような残業規定が設けられている。こうした規定は，厳密に言うと，所定労働時間を超える労働（所定時間外労働）を命じるための規定であり，前述のように，所定時間外労働が，必ず時間外労働となるとはいえない（残業≠時間外労働）が，所定時間外労働を命じる規定があれば，それが時間外労働を命じる規定にもなる。大は小を兼ねるのである。

 ただ，就業規則は，その作成過程で，過半数代表の意見を聴取

するとはいえ（労基法90条），基本的には，雇用主が一方的に制定できるものである。したがって，就業規則の規定があるからといって，労働者が時間外労働に同意したとは言い切れない。

しかし，労働契約法7条には，次のような規定がある。

「労働者及び使用者が労働契約を締結する場合において，使用者が合理的な労働条件が定められている就業規則を労働者に周知させていた場合には，労働契約の内容は，その就業規則で定める労働条件によるものとする」。

したがって，就業規則の残業規定に合理性があれば，その適用を受ける労働者は，労働契約の内容として，就業規則の規定に従った時間外労働に従事する義務があることになるのである。ちなみに，多くの労働者は，雇用主との間で個別に労働契約を交わしたりはしていない。労働者の労働契約上の権利や義務は，ほぼすべて，就業規則の規定によっている。雇用主が一方的に制定する就業規則の規定に服する法的な根拠は，上記の労働契約法7条にある（かつては判例で，同じようなルールが定められていた）。

最高裁判決にも，就業規則の規定を根拠とする時間外労働命令の有効性を認めたものがある（**日立製作所武蔵工場事件判決**〈最重判112〉）。その判決は，次のように述べている。

「労働基準法……32条の労働時間を延長して労働させることにつき，使用者が，当該事業場の労働者の過半数で組織する労働組合等と書面による協定（いわゆる三六協定）を締結し，これを所轄労働基準監督署長に届け出た場合において，使用者が当該事業場に適用される就業規則に当該三六協定の範囲内で一定の業務上の事由があれば労働契約に定める労働時間を延長して労働者を労働させることができる旨定めているときは，当該就業規則の規定の内容が合理的なものである限り，それが具体的労働契約の内容

をなすから，右就業規則の規定の適用を受ける労働者は，その定めるところに従い，労働契約に定める労働時間を超えて労働をする義務を負うものと解するを相当とする」。

この判決は，労働者は三六協定の範囲内で命じられた時間外労働命令に従わなければならないと述べたようにも読める。しかし，よく読んでみると，就業規則において，三六協定の範囲内で時間外労働をさせることができる旨が定められていて，それが合理的な内容であれば，労働契約の内容となると述べている。雇用主の時間外労働命令の根拠は，あくまで，労働契約の内容となった就業規則の合理的な規定なのである。

合理性のある残業規定とは？

前述のように，法律上は，時間外労働をさせる事由についての規制は存在していなかった。しかし，就業規則の時間外労働に関する規定において合理性が必要とされることから，この合理性の判断を通して，時間外労働させる事由についての限定が可能でもあった。そこで問題となるのは，実際に合理性について，裁判所がどのように判断しているかである。

前記の最高裁判決で問題となった就業規則は，次のような内容だった。

「業務上の都合によりやむを得ない場合には組合との協定により1日8時間，1週48時間の実労働時間を延長（早出，残業または呼出）することがある。」

そこでいう「組合との協定」が三六協定である。この会社が過半数組合と締結した三六協定は，次のようなものだった。

> 　会社は，次の場合に，実働時間を延長することがある。
> (1)　納期に完納しないと重大な支障を起こすおそれのある場合
> (2)　賃金締切の切迫による賃金計算または棚卸し，検収，支払等に関する業務並びにこれに関する業務
> (3)　配管，配線工事等のため所定時間内に作業することが困難な場合
> (4)　設備機械類の移動，設置，修理等のため作業を急ぐ場合
> (5)　生産目標達成のため必要ある場合
> (6)　業務の内容によりやむを得ない場合
> (7)　その他前各号に準ずる理由のある場合

　この会社のように，就業規則に具体的な定めをおかずに，三六協定にゆだねている場合には，就業規則の合理性とは，三六協定の内容の合理性を意味することになる。

　最高裁は，前記の三六協定の内容について，時間外労働の時間を限定し，かつ，(1)～(7)所定の事由を必要としていることから，合理性があると判断した。最高裁は，(5)～(7)所定の事由は，いささか概括的，網羅的であることは否定できないが，会社が需給関係に即応した生産計画を適正かつ円滑に実施する必要性は労基法36条の予定するところと解されるうえ，会社の事業内容や労働者の担当する業務，具体的な作業の手順ないし経過等にかんがみると，(5)～(7)所定の事由が相当性を欠くということはできない，と述べている。

　普通に考えると，(5)と(6)については，時間外労働の事由を限定したとはいえないし，(7)は一般条項なので，限定するというよりはむしろ，時間外労働事由を拡大している面もある。しかし最高裁は，このような定め方であっても合理性があるとしているので

ある。

実質的には緩い上限規制

どのような場合に残業が必要となるかはケースバイケースなので、時間外労働の事由を具体的に限定するよう、厳しく求めるのは、経営者には酷といえるかもしれない。しかし、本来、時間外労働は例外的なものであり（さもなければ、法定労働時間の意味がない）、その命令が労働者にもたらす不利益の大きさを考えると、労働者にとって、どのような場合に時間外労働が命じられるのかについての予測可能性を高めることへの配慮も必要である。

実は、時間外労働に限らず、これまでの判例において、就業規則の合理性を否定した例は皆無に等しい。労働者は、就業規則の規定の内容をわかったうえで採用されているはずなので、裁判所としても、よほどの不利益な内容でないかぎりは、合理性を否定する必要はないと考えているのだろう（なお、就業規則の不利益変更の場合にも合理性が要件となる（労働契約法10条）が、この合理性については裁判所は厳しく審査しており、否定したものも多数ある）。

以上のことから、日本における時間外労働の事由の制限は、実質的には存在していないに等しい。

時間外労働についての主たる規制である上限規制も、事由規制も存在しないとなると、日本の労働時間規制は、きわめて緩いものといわざるをえないだろう。

補論　権利濫用による規制

就業規則において時間外労働に関する合理的な規定があり、三六協定の締結・届出もなされているとしても、時間外労働命令

がなお無効となる場合がある。それは,その命令が権利濫用となる場合である。

労働契約法3条5項は,「労働者及び使用者は,労働契約に基づく権利の行使に当たっては,それを濫用することがあってはならない」と定めている。雇用主に,時間外労働を命令する権利が認められる場合であっても,その権利の行使が濫用であれば無効と判断されることがあるのである。

たとえば,共働きの労働者で,病気の子供を看護しなければならないときに,時間外労働をさせる業務上の必要性が小さいにもかかわらず,雇用主が時間外労働を命じると,権利の濫用として無効と判断される可能性がある。とくにワーク・ライフ・バランスへの配慮が求められている今日では,雇用主はさまざまな人事権を行使する際に,労働者の生活上の利益にも配慮しなければならない(労働契約法3条3項)。

法的には,時間外労働命令が権利濫用である場合には,それに従う必要はないし,従わなかったことを理由として懲戒処分が課されても,その懲戒処分は無効となる(労働契約法15条など)。なお,前記の日立製作所武蔵工場事件では,時間外労働命令が有効とされたので,懲戒解雇も有効と判断された。

労働者としては,自分に発せられた時間外労働命令が権利濫用であるかどうかを判断するのはきわめて困難である。権利濫用かどうかは,裁判所の総合的な判断にゆだねられているので,事前の予測可能性が小さいからである。そのため,労働者は,現実としては,懲戒解雇のリスクを避けるため,時間外労働命令に従わざるをえないことになる。

このように考えると,権利濫用法理は,たしかに時間外労働に対する制約要素とはなりうるものの,どのような場合に権利濫用とされるかどうかが事前に明確になっていない以上,労働者の利益の保護にはなかなかつながりにくいだろう。

5 割増賃金をきっちりもらうことは難しい！

　割増賃金は，三六協定の締結・届出をした合法的な時間外労働に対しても，雇用主は支払わなければならない。法は，割増賃金の支払いを義務づけることによって，時間外労働を抑止しようとしている。割増賃金には，時間外労働させることに対する雇用主へのペナルティとしての機能があるのである。これが，三六協定と並ぶ，日本の労働時間規制の中核である。

　しかし，実際に，このペナルティがどこまで機能しているかの評価は難しい。

割増賃金の算定基礎は縮小可能!?

　第2章3で述べたように，割増賃金の算定基礎に関するルールは法律で決まっていて，勝手にその範囲を縮小することは許されない。しかし，たとえば算定基礎に含まれる賃金を引き下げていくことにすれば，割増賃金の合計額を抑制することができる。もちろん，いきなり一方的に賃金を引き下げることは許されないが，就業規則の合理的な変更をすれば，一方的な引下げも可能である（労働契約法10条）。賃金の不利益変更のためには，高度の必要性がなければならない（判例）が，基本給以外の付加的な手当であれば，ある程度の経営上の必要性があれば，不利益変更の合理性は認められやすくなるだろう。

　また，月給を単に引き下げるだけであれば，労働者は納得しないかもしれないが，その分，賞与への配分の引上げをするならば，労働者も納得する可能性がある。賞与は割増賃金の算定基礎に含まれないので，割増賃金は減少する（ただし，単に計算上，基本給部分を賞与に回して支払うというだけであれば，賞与という名目で支

払われるものであっても算定基礎に含まれる)。

割増賃金の上限設定はほんとうは許されない!

　雇用主の中には,割増賃金を抑制するためのルールを勝手に決めて,労働者に強制している者もいる。たとえば,1カ月における時間外労働の上限(たとえば20時間)を設定して,それを超える時間外労働に対しては割増賃金を支払わないという取扱いなどである。しかしこれは完全に違法である。割増賃金は,実際になされた時間外労働の時間数に対して支払われるべきものであり,勝手に上限を設定することはできない。そのようなことができれば,割増賃金のペナルティ機能は働かないことになる。法的には,労働者は,雇用主が勝手に設定した上限を無視して,実際の時間外労働の時間数に応じた割増賃金を請求することができる。

　ここまで明確な違法のケースではないとしても,割増賃金を定額にするという取扱いをしている企業も少なくない。たとえば,基本給として月30万としたうえで,時間外勤務手当(割増賃金)を月10万円とするような場合である。こうした定額制も,実質的には,時間外労働の上限を設定したのと同じような効果がある。実際になされた時間外労働の時間数に対応した割増賃金が,10万円を超えている場合には,法的には,労働者はやはり差額分の割増賃金を請求することができる。

　これくらいは,実は労働法を学んでいればすぐわかる簡単な法律問題であるが,労働者の多くは知識がないだけでなく,雇用主のほうもこうした取扱いを合法と思い込んでいる可能性がある。そうなるとなかなか割増賃金に関する違法な取決めは根絶できない。

割増賃金込みの給料の正しい払い方

　割増賃金の支払い方に関して，法律問題としても簡単ではないのは，割増賃金の全部または一部を基本給に組み込んでしまう取扱いである。たとえば基本給は40万円で，その中に割増賃金も含むとする合意が許されるのかである。これは割増賃金の定額払いと似ている面があるが，それと違うのは，40万円の中のどの部分が割増賃金部分であるかわからないことである。

　割増賃金込みであるということさえわかっていればよいのではないか，という主張もありそうである。しかし，労基法は，基本給等の算定基礎賃金に所定の割増率を乗じて，それに時間外労働時間数を乗じた額を割増賃金として支払うことを義務づけている。単に割増賃金込みの基本給を支払っているというだけでは，労基法で義務づけられた割増賃金を適法に支払ったかどうかの確認ができない。

　そのため，判例は，こうした支払方法は，基本給の中で，割増賃金の部分と通常の労働に対する賃金の部分と判別できる場合でなければ適法といえないとしている。つまり前記の例で言うと，40万円の中のいくらが割増賃金の部分であるかが判別できなければならないということである。

　もし割増賃金の部分を判別できなければ，40万円全体が算定基礎賃金となる。実際の訴訟で，このような取扱いがなされて，多額の割増賃金の支払いを義務づけられた雇用主は少なくない。

　雇用主としては，労働者との間で割増賃金を基本給に組み入れるという合意をしているのに，その合意が有効と認められないことは納得し難いかもしれない。しかし，労基法は，労働者と雇用主が対等な立場で労働契約を締結できないことを前提に，労働条件の最低基準を設定しているのであり，その最低基準を下回る労

働者の同意を有効と認めてしまえば、最低基準の意味がなくなる。

実際の時間外労働の時間数に応じて割増賃金を支払うことは、労基法37条の定める最低基準なのであって、それよりも労働者に不利な内容であれば、たとえ労働者が同意をしていても有効と認めることはできないのである。

強行法規である労基法が規制している範囲では、契約の自由はないということを、経営者は知っておく必要がある。

> ### 🌱 補論　テックジャパン事件・最高裁判決
>
> 　最近の判例では、次のような取決めの適法性が争われた。ある人材派遣会社において、派遣労働者の基本給を月額41万円としたうえで、月間の総労働時間が180時間を超えた場合には1時間当たり2560円を支払うが、月間の総労働時間が140時間に満たない場合には1時間当たり2920円を控除するものとされていた。所定労働時間は160時間なので、160時間から180時間までは割増賃金が支払われないことになるのに対し、160時間未満でも、140時間以上であれば、賃金は控除されなかった。
>
> 　このような取決めについて、最高裁は、月額41万円の基本給について、通常の労働時間の賃金に当たる部分と同項の規定する時間外の割増賃金に当たる部分とを判別することができないので、労働者が時間外労働をした場合に、月額41万円の基本給の支払いを受けたとしても、その支払いによって、月間180時間以内の労働時間中の時間外労働について割増賃金が支払われたとすることはできない、と判断した（〈最重判113〉）。

6 割増賃金があると，もっと働きたくなる!?

ペナルティとインセンティブ

割増賃金のペナルティ機能が働かないという実態は，法律上のルールをきちんと労使に遵守させるということで対応が可能かもしれない。しかし，それによって時間外労働が抑制されるかどうかは，また別の問題である。

割増賃金は雇用主にとってペナルティ機能があるとしても，労働者にとっては賃金の割増しという機能がある。収入の増加を望む労働者にとってみれば，割増賃金は長時間労働へのインセンティブとなる。

経済学では，割増率が上昇すると，労働者の「人数」と「労働時間」のどちらの単価も上昇するが，長時間労働により労働者の生産性が低下しやすいので，雇用主は一定の生産量を費用が最小になるように生産するためには，時間外労働時間を削減し，その代わり新たに労働者を雇用する行動を選択する，とされる（佐々木2008）。もっとも，実際にこのことが起こるためには，現在1人が行っている仕事を数人で分担することが簡単であることが必要であるし，また人を新たに雇うと労働時間には比例しない固定費用がかかる（大内・川口2014・166頁）ので，「労働時間」から「人数」への代替はそう簡単に起こらない可能性がある。

一方，労働者側からすると，割増率の上昇は，余暇の機会コストを高めるため，よりいっそう働くことを望むであろう（代替効果［余暇から消費へ］）が，所得が増えると苦役である労働をする時間を減らすこともありえる（所得効果）ので，結果として，どちらの効果が大きいかの判断はつかない。ただ，代替効果が大きければ，割増率が上昇するほど，時間外労働の時間数は増えるこ

とになる。

いずれにせよ,現行法では,法定内労働時間よりも,時間外労働のほうが,割増賃金だけ,同じ時間の賃金が高くなり,さらに夜10時以降の深夜労働となると,いっそう高くなるし,1カ月の時間外労働の時間数が60時間を超せば,そこから割増率が倍増する。こうした法的なシステムが,労働者自身の労働時間の長さの決定にまったく影響しないとは言い切れないだろう。

労働時間を決定するのは,労働者か,雇用主か？

このようにみると,「労働時間を使用者が決定するか,労働者が決定するかによって……割増賃金率の上昇による労働時間の変化は異なる」ことになりそうである（小畑・佐々木2008・94頁）。

ここで重要なのは,労働者が行動を変えることができるのは,労働時間の長さを自ら決定できるのが前提であることである。しかし,本章7でみるように,労働時間とは,雇用主の指揮命令下にある時間であり,とくに残業については,所定労働時間内の労働とは異なり,原則として,雇用主の命令が発せられなければ行うことはできないので,労働者の選択により,時間外労働の長さを決定できる余地は小さいはずである。

現行法の下でも,裁量労働制が適用されている場合は,労働者は自ら労働時間を決定できるが,こうした労働者は,労働時間はみなし制で割増賃金はゼロか定額であるので,実労働時間は割増賃金の影響を受けない。管理監督者など,労働時間規制の適用を受けない労働者についても,同様のことがあてはまる。

もし,それ以外の労働者において,割増賃金のもつ代替効果により長時間労働を選択するならば,それは労働者が厳密な意味での指揮命令下になく,仕事の進行を自らコントロールすることが

できることによる。ホワイトカラーの場合には，一般的には工場などで働くブルーカラーよりも指揮命令が弱いことが多いだろうから，こうしたことが起こる可能性はある（⇒第1章4）。

7 労働時間を正しくカウントできるか？

所定労働時間と実労働時間

　労働時間の長さを規制するというとき，それは労働時間の長さをカウントできることが前提となっている。つまり，どこからどこまでが労働時間かが測定可能でなければ，労働時間規制の意味はなくなってしまう。とくに割増賃金については，算定基礎賃金に時間外労働の時間数を乗じて算定するものなので，労働時間の長さをカウントできなければ，長時間労働抑制のためのペナルティとしての機能をもちえないことになる。

　労基法で規制している労働時間とは，実労働時間である。したがって，就業規則で定められている所定労働時間（始業時刻から終業時刻から休憩時間を除いた時間）が，必ずしも労働時間であると限らない（残業と時間外労働が異なることについては，第2章での説明も参照）。

　たとえ就業規則上の所定労働時間が8時間だったとしても，所定労働時間外に何らかの活動をさせていて，それが労働時間とカウントされると，その労働者の労働時間は8時間を超えることになり，そうなると，雇用主は，三六協定の締結・届出や割増賃金の支払いなどが義務づけられることになる。

　たとえば，始業時刻前に仕事の準備をした場合や終業時刻後に後片付けをした場合は，所定労働時間外であっても，労働時間とカウントされる可能性がある。終業後の小集団活動は，労働者の自主的な活動という形をとっていても，業務との関連性が強いの

で，労働時間とカウントされる可能性が高い。始業前のラジオ体操に参加した場合や会社主催の懇親会に参加した場合のように，業務性が明確でなく，労働時間にカウントできるかどうかが不分明なものもある（⇒第2章2）。

労働時間の定義

では，この点について，法律はどのような定めを置いているのだろうか。実は，労基法には，労働時間とは何かということについて定めた規定はない。学説は，さまざまな議論をしてきた（荒木2010がわかりやすい）が，現在の判例は，労働時間とは，「使用者の指揮命令下に置かれている時間」と定義している（**三菱重工長崎造船所事件**〈最重判107〉）。

問題は，どのような場合に「指揮命令下に置かれている」といえるかである。最高裁は，上記の事件では，「就業を命じられた業務の準備行為等を事業所内において行うことを使用者から義務付けられ，又はこれを余儀なくされたとき」は労働時間に該当するとし，具体的には，作業をするうえで必要な保護具を装着するために必要な時間は労働時間と判断した。

また最高裁は，24時間勤務のビル警備会社の従業員における仮眠時間が労働時間かどうかが問題となった別の事件では，「労働契約上の役務の提供が義務づけられていると評価される場合には，労働からの解放が保障されているとはいえず，労働者は使用者の指揮命令下に置かれている」と述べた（**大星ビル管理事件**〈最重判108〉）。眠っている時間も労働時間であるというのは，常識的には理解しにくいものであるが，警報ベルが鳴ればそれに対応しなければならないというように，労働からの解放が保障されていない以上，指揮命令下にあるとされ，労働時間に該当するとするの

が判例の立場なのである。

労働時間の判断基準は曖昧!?

　もっとも，最高裁の判断は，争いのありそうな場合のすべてについて示されているわけではないので，個々の具体的なケースで，指揮命令下にあるかどうかの判断に困ることも少なくない。前記のラジオ体操に参加した時間や会社主催の懇親会に参加した時間などは，当然，労働時間だと言う人もいれば，参加しなかったときに不利益があるなどの強制が働かなければ労働時間ではないという人もいて，どちらもそれなりに説得力がある。

　自分の仕事が片付かずに残業してしまったときに，「君は仕事が遅いから時間がかかるんだから，その分は労働時間とカウントしてはならないよ」と言われたときに，きちんと法的に反論できる人がどれぐらいいるだろうか。法律を見ても，判例をいくら勉強しても，答えははっきりしないだろう。

　要するに，実際に働いている時間帯のなかで，どこからどこまでが労働時間かどうかが一義的に決まらないことは少なくないのである。このことが，実労働を客観的にみて，指揮命令下にあるかどうかという基準で，労働時間性の判断をしようとする日本法の問題点である。だからと言って，当事者間で自由に労働時間かどうかを決定してよいとすると，実際上は，雇用主が一方的に労働時間の範囲を決めてしまうだろう。これでは労働時間規制は崩壊する。

　そこで，誰が見ても労働時間であることが明らかな本来の業務に従事している時間と，そうでない付随的な活動に従事してる時間とを分けて，後者については当事者の合意によって労働時間かどうかを決めてよいとするアプローチもある。これを二分説とい

い，アメリカのポータル法（Portal-to-Portal Act）では，そうした方式が導入されている（ポータル法については，荒木1991を参照）。たしかに，二分説によると明確性は高まるようにも思われるが，本来の業務と付随的な活動との区別が，必ずしも明確でないこともあり，労働時間概念の不明確性を解決する特効薬ではなさそうである。

　いずれにせよ，労働者にとって，自分のいま行っている活動が，労働時間かどうかがはっきりしないことがあるという状況は，労働時間規制の実効性を損なう可能性が高い。

労働時間の立証も難しい！

　以上の点とも関連する，もう1つ大きな実務上の問題がある。割増賃金の支払いをめぐって争いが生じたとき，労働者はどのように自分の時間外労働の時間数を立証することができるのか，という問題である。時間外労働の時間数の立証責任は労働者にある。どんなに労働時間であると言い張っても，その立証に成功しなければ，意味がなくなる。

　労働時間の管理がタイムカード等によって厳格になされている場合には，その打刻されている時間が一応の基準にはなろう。しかし，すべての雇用主が厳格に労働時間管理をしているわけではないので，労働者が，自分が主張している時間数の時間外労働をほんとうにしたことを立証することが困難なことも少なくない。

　雇用主には労働時間管理責任がある以上，労働者からの立証の負担はある程度軽減して，労働者が一応の立証をしておけば，後はその時間が労働時間に該当しない（労働者が指揮命令下になかった）ことを，雇用主が反証しなければならないというようなルールが本来望ましい（梶川2009も参照）。こうしたルールを適用して

いる判例も少なくはない。

いずれにせよ，争いとなった時に，割増賃金をしっかりと勝ち取ることは，労働時間概念の曖昧さとも相まって，労働者にとってそれほど簡単なことではないのである。

8 管理監督者制は脱法への道？

日本の労働時間制度の実効性を損なわしめてきた疑いのあるもう1つの制度が管理監督者制である（労基法41条2号）。管理監督者に該当すると，労働時間関連の規定の適用はなされず，したがって，その労働者を何時間働かせても，三六協定の締結・届出は不要であるし，割増賃金の支払義務も発生しない。

第2章5でも見たように，管理監督者の概念は法律上は定義されていない。そのため，課長や店長といった役職につけば，管理監督者として残業代を支払わないという取扱いが広く行われているようである。しかし，すでに判例で確認したように，管理監督者の範囲はきわめて狭いものである。問題は，そのことが十分に雇用主にも，また労働者にも知られていないことにある。

労基法41条では，管理監督者以外に，監視労働や断続的労働に対しても，労働時間関連規定の適用除外を定めているが，これについては，労働基準監督署長の事前の許可を要することになっている（3号）。このため，その範囲をめぐる紛争は回避されている。

また適用除外ではないが，労働時間を実労働時間でカウントするのではなく，「みなし」ですることを認めている裁量労働制においては，労使協定（専門業務型）や労使委員会の決議（企画業務型）をして，労働基準監督署長に届け出るという事前手続が踏まれるので，制度の適用対象者の範囲をめぐる紛争は，やはり事前に回避されている。

しかし管理監督者には，このような事前手続が義務づけられておらず，雇用主任せとなってしまっている。世間では，「名ばかり管理職」問題を批判する意見もあるが，こうした問題が生じる背景には，法律の規制に隙があるという法制度上の原因があることにも留意しておく必要がある。

　加えて，「名ばかり管理職」問題は，ホワイトカラーへの適用除外制度として，労基法41条2号の管理監督者等しかないという日本法の状況の特殊性に起因していた可能性もある。第4章でみたように，諸外国でも，一定の幹部労働者には労働時間規制の適用除外が認められている。日本は，その適用除外の範囲が狭すぎるために，適用除外にふさわしい労働者にも，労働時間規制が及ぼされていた可能性がある。それに対処すべき裁量労働制は，その適用要件が厳しいためにそれほど普及しておらず（⇒第2章4），そのため，適用範囲が不明確な管理監督者制に，適用除外にふさわしい労働者がなだれ込んできた可能性もある。ホワイトカラー・エグゼンプションの導入が主張される背景には，こうした事情もある。

　管理監督者制をこのまま残すとしても，また，新たなホワイトカラー・エグゼンプションを構想するとしても，適用対象の明確性という問題は解決しておく必要がある。現行の裁量労働制のように，法令で適用対象者の範囲を定めたうえで（専門業務型裁量労働制については労基則で列挙されている），労使協定や労使委員会によって，事前に適用対象者の範囲を決定するという仕組みを参考にした法整備をし，「名ばかり管理職」のような脱法的な事態が生じないように，十分配慮しなければならない。

9　休日は法的に保障されているといえるのか？

　ここまでは，日本の労働時間規制の問題点を指摘してきたが，休息に関する規定についてはどうだろうか。第2章6でも見たように，日本では，1日単位の休息である「休憩」，1週単位の休息である「休日」，1年単位の休息である「年休」がある。年休は第6章で扱うとして，ここでは休日規制の問題点について指摘しておくこととしたい。

　欧州の労働時間指令では，1週1日の休日が義務であり，変形制においても2週単位のものしか認めていない。ところが日本の労基法35条は，週休の原則を定めておきながら，4週で4日の休日という変形休日制を認めている。法律上は，変形休日制の導入について，特段の要件を定めていないことから，週休の「原則」性は弱い。

　さらに，その休日労働について，時間外労働と同じ手続，すなわち三六協定の締結と労働基準監督署長への届出をすれば，認められる。ここでも時間外労働の場合と同様，休日労働をさせることができる事由についての法律上の規制はなく，三六協定に全面的に任されている。35パーセント以上の割増賃金の支払いは義務づけられているとはいえ，代休の付与義務もない。つまり，雇用主は，労働者が年休を取得しなければ，365日連続して働かせることも可能な法制度になっているのである。こうした日本の休日規制は，健康確保という観点からは，不十分といわざるをえないだろう。

　その他にも，どの日を休日にするか特定することは義務づけられていないこと，それと関係して，就業規則等で規定さえ設ければ，休日の振替（たとえば，休日が日曜日であるときに，ある日曜

日を労働日に変えて、別の労働日に休日を与えること）が、1週1日ないし4週4日の休日付与の範囲内であれば可能であることなども問題点として指摘することができる。

10　総括すると……

一見，厳格な法制度だが

　日本の労働時間規制は、1週40時間、1日8時間という法定労働時間を設定し、それに反した場合の罰則を科し、例外的に法定労働時間を超える時間外労働をさせる場合には、過半数代表との三六協定を締結して、労働基準監督署長に届け出るという手続を踏まなければならず、さらに25パーセント以上の割増賃金の支払いを雇用主に義務づけることによって、時間外労働に対するペナルティを課し、長時間労働を抑制しようとしてきた。

　こうした日本の労働時間規制は、アメリカのような割増賃金規制だけの国と比べて、法定労働時間という労働時間の上限規制がある点でより厳しいといえるし、一方、欧州の労働時間指令の内容と比べると、割増賃金規制がある点で、より厳しいといえた。欧州の各国レベルでは、たとえばフランスやイタリアでは、割増賃金規制はあったが、労働協約によって割増率を決めることができ、法規制としては緩やかなものだった。

　このように、一見厳格な労働時間規制をもつようにみえる日本であるが、現実には機能不全に陥っていた。それは、法制度面におけるいくつかの問題と関係していた。

① 上限規制の不徹底

　まず、法定労働時間の例外の設定については、三六協定の締結と労働基準監督署長への届出という手続的な要件しか課していなかった。法律において時間外労働として認められる事由は制限さ

れず，また時間外労働の上限も設定されなかった。もちろん過半数代表が三六協定の締結を拒否すると，雇用主は，非常事由の場合（労基法33条）を除き，時間外労働をさせることができないが，こうした行動を過半数代表がとることはまずなかった。法律で時間外労働が可能な事由を示し，それを三六協定で具体化するというのではなく，三六協定にいわば丸投げしてしまったため，時間外労働に対する歯止めがなくなってしまったのである。

それに加えて，時間外労働に対する限度基準の効力は弱く，また特別条項付きの三六協定があれば，限度基準を実質上無制限に超えることができた。これは，日本の労働時間規制には「絶対的上限」がないということである。罰則が科される法定労働時間が，広い例外が許容されている「原則的上限」にすぎないというところに，日本の労働時間規制の根本的な問題点があった。

② ペナルティ機能の薄い割増賃金規制

また，割増賃金のペナルティ機能も，必ずしも十分に期待できるものではなかった。たとえば，割増賃金の算定基礎に含まれる基本給や手当を低く抑えることができれば，割増賃金の上昇を回避することができる。また，現実の雇用社会で普及している時間外労働の上限制，割増賃金の定額制，基本給への組入れといった割増賃金の支払方法は，法的には労働者の割増賃金を減少させる効果はない（客観的に定める割増賃金請求権は，当事者間の合意によっては減少させることはできない）としても，実際上は，割増賃金額を抑制する効果をもってしまっていた。さらに割増賃金の額を決定するための前提となる労働時間の長さについても，所定労働時間を超える部分については，労働時間かどうかの判断が困難であることが多いし，判断ができても，立証の困難性があるため，実際に労働者が割増賃金の支払請求で勝訴できるかどうかの予測

可能性が低いという問題もあった。これも割増賃金のペナルティ機能を弱める効果をもっていた。

それだけでなく，割増賃金は，労働者の収入を増加させるものであることから，労働者にとって長時間労働へのインセンティブになりうるものだった。

③　「管理監督者」の範囲の不明確さ

以上とは別に，実務上，問題とされてきたのが管理監督者の扱いである。管理監督者は，労働時間関連規定が適用されないので，時間外労働や休日労働に対する割増賃金を請求する権利もない。ただ，管理監督者の定義は法律上は存在しないため，実務上は，管理監督者が広く解釈されてきた。裁判になると，雇用主がほとんど敗訴していることからもわかるように，裁判所の管理監督者の概念はきわめて狭いものの，そうしたルールは必ずしも十分に知られていないし，知られていても守られていない。こうした状況は，割増賃金制度をはじめとする労働時間制度そのものの実効性を大きく損なう効果があった。

④　不十分な休日規制

一方，休息面については，週休制の原則は，労基法制定当初から変形週休制の導入により4週4休日という弾力的なものである。また，休日労働は，三六協定の締結・届出があれば，事由制限なしに無制限に行うことができる。このため，労働者の休日の確保のための法規制は十分なものではなかった。

第6章

日本人にヴァカンスは似合わない？

　働かなくても給料がもらえる。そのような夢の制度が年休である。しかも好きな時に取ってよい。取得目的も自由である。取得したことに対する不利益な取扱いも禁止されている。制度的には申し分ないように思える。それでも日本人は，年休を取りきらない。休んだら，その後の仕事が大変である，周りにも迷惑がかかる，上司がいい顔しない，ボーナスや将来の出世に影響するかもしれない。こんなネガティブ思考に陥ると，夢のような制度であることがかえって，年休を取りにくくしてしまう。

　そもそも欧州でも，年休を好きな時に取れるということにはなっていない。日本はここでも，理想が先走りしてしまったのである。年休は雇用主や周りの従業員に迷惑をかける可能性があるということを前提に，その取得方法を定めたほうがよいのだろう。

1　休まない日本人

半分未満の取得率

　本章では、休息のなかでも、格段に重要性が高い年次有給休暇（年休）を扱う。日本人の「働きすぎ」の主たる原因の1つに、年休の未消化を指摘する声が多い。

　休日については、実際にどこまで完全に取得できているかはともかく、週休制は、日本の雇用社会において完全に定着している。週休2日制もかなり広く定着している。厚生労働省の「平成26年就労条件総合調査」によると、「何らかの週休2日制」を採用している企業割合は84.3パーセント（前年85.3パーセント）となっている。しかし、年休は言葉は誰でも知っていても、権利として定着しているとはいえない。

　年休とは、文字どおり、1年単位の休息であり、一定の要件さえ充足すれば、毎年度、発生するものである。欧米では、ヴァカンスの習慣もあり、年休は労働者の最も重要な権利の一つである。イタリアでは、年休は、憲法において、放棄できない権利と規定されているほどである（36条3項）。ちょっと大袈裟ではないかとも思うが、それだけ労働者の勝ちとった権利として大事にされているということである（なお、1936年のILO条約52号でも、年休を受ける権利を放棄する協定は無効と定めている）。実際にも、欧米では、与えられている年休はすべて取得する。よほどのことがないかぎり、年休を残すことはない。

　ところが日本では、法律上、年休の権利が与えられているにもかかわらず（労基法39条）、日本の労働者は、それを半分以下しか消化していない。前記の「平成26年就労条件総合調査」によると、平成25年（または平成24会計年度）1年間に企業が付与した年次

有給休暇日数（繰越日数は除く）は，労働者1人平均18.5日（前年18.3日），そのうち労働者が取得した日数は9.0日（同8.6日）で，取得率は48.8パーセント（同47.1パーセント）となっている。つまり，年休の半分以上は，取得されずに「捨てられていく」のである。年休は，法定の日数のものは，2年の時効にかかるので（労基法115条），年休が発生した年度の翌年度までしか行使できない。

年休は条件付き権利

　それにしても，どうして日本人は年休を取らないのか。年休には，休憩や休日という他の休息形態と比べると，同じように労働者に権利として保障されているとしても，大きく違うところがある。それは，年休は，労働者が取得を希望しなければ（つまり権利を行使しなければ），取得できないことになっているのに対して，休憩や休日は，雇用主のほうから付与しなければ，法律違反となる点である。つまり年休は条件付きの権利であるところに特徴がある。

　とはいえ，この条件は決して厳しいものではない。要するに労働者が権利（時季指定権）を行使すればよいだけだからである。むしろ，労働者が取得したい時期（時季）に年休を取得できるという点では，この条件は労働者にプラスになっている。欧米には，こうした条件（時季指定権）はない。

　こうした条件付きの権利の例としては，年休以外に，産前の休業（労基法65条1項），育児休業（育児介護休業法5条），子の看護のための休暇（同法16条の2），介護休業（同法11条），介護休暇（同法16条の5）などがある。これらの休業や休暇も，労働者が権利を行使しなければ取得することはできない。しかし，年休以外のものは，休息のためのものではなく，休業・休暇の目的が特定

されている。これと比べると、年休については、判例上、その目的は自由であるとされており（それゆえ、雇用主は年休の使途目的を問うことは、原則として許されない）、時期も自由に決定できることからすると、きわめて労働者にとって使い勝手のよい権利なのである。

　ではどうして日本人は年休を半分以下しか取得してこなかったのであろうか（以下は、小倉2003・238頁も参照）。

　理由の1つとして考えられるのは、労働者が、年休を、病気などに備えておくため、なかなか取得が進まないことである。欧州では、病気休暇が、法律や労働協約により有給で保障されていることが多く、そうなると、わざわざ年休を充てる必要はない。

　もう1つの理由として考えられるのは、業務量が多い場合には、年休の取得が難しいことである。ここには職務範囲が限定されていない日本の正社員特有の事情も関係している。自分のやるべき業務範囲が明確ではなく、業務の遂行が集団的に行われている日本の正社員は、自分が欠勤すると、他の人の業務量が増えてしまうので、どうしても休暇をとることに逡巡しがちとなる（これは残業が長くなる原因でもある）。

　こうした状況があるため、他の人の業務量を増やさないように休まずに働くという行動をとった労働者が、高く評価されがちともなる。こうなると、いっそう年休を取得しづらくなる。

　実は、年休は、正社員よりも、非正社員の方が取りやすいという話もある。正社員の場合には、職務範囲が限定されていないし、また長期的な関係があるので、年休を取得して上司や他の同僚に対して迷惑をかけることを控えようとするのである。一方、非正社員の場合には、長期的な関係は想定されていないので、自らの権利はしっかり行使しようという意識をもちやすくなる。こうし

て，通常は弱い立場にあるとされる非正社員のほうが，年休を取得しやすいという皮肉な現象が生じるのである。

以上のような理由は，たしかに，日本の低調な年休取得状況をかなりの程度説明できると思われる。しかし，それ以外に，法制度的な要因も関係している可能性が十分にある。以下，その点をみていこう。

年間休日日数の国際比較

(日)

	週休日	週休日以外の休日	年次有給休暇	年間休日数（計）
日本	104	15	18.3	137.3
イギリス	104	9	24.7	137.7
ドイツ	104	10	30.0	144.0
フランス	104	9	30.0	143.0
イタリア	104	11	28.0	143.0

（独立行政法人労働政策研究・研修機構HP「データブック国際労働比較2014」より抜粋）

2　日本の年休制度

まず，日本の年休法制について，確認しておくこととしよう。

年休権は，どのような場合に発生するのか？

年休の発生要件は，雇入れの日から起算して6カ月間継続勤務し，全労働日の8割以上出勤することである。この要件を満たせば，その雇入れ日から6カ月経過した時点で，それから1年間のうちに，10労働日の有給休暇を取得することができる（労基法39条1項）。たとえば，2014年4月1日に雇い入れられた労働者は，

その後の半年間において全労働日の8割以上を出勤すれば，2014年10月1日において，その後1年間（2015年9月30日までの間に），10日の年休を取得することができる。

さらに，1年6カ月以上継続勤務した労働者に対しては，雇入れの日から起算して6カ月を超えて1年ごとに，全労働日の8割以上の出勤をしていれば，その後の1年間において，以下のような日数の有給休暇を取得することができる。

継続勤務期間が1年6カ月の者は11日，2年6カ月の者は12日，3年6カ月の者は14日，4年6カ月の者は16日，5年6カ月以上の者は18日，6年6カ月以上の者は20日である（以上，同条2項）。つまり，勤続期間が長くなるにつれて，最大20日まで，取得可能な年休日数は増えていくのである。

パートタイム労働者のように，所定労働日数が短い者も，年休を取得する権利がある。1週間の所定労働時間が30時間以上の労働者については，通常の労働者と同じ年休を取得することができるし，それ以外の労働者についても，所定労働日数に比例した日数の年休を取得できる（同条3項，労基則24条の3）。

年休が欲しければ，休んではならない！

8割の出勤率要件があることから，2割を超えて欠勤してしまうと，その後の1年間は，年休がまったく取れないことになる。ただ欠勤には，いろいろなタイプのものがある。労働者が自分の都合で休んだときが欠勤になるのは当然であるが，労働者の欠勤に何らかの正当性があれば，話は難しくなる。

この点について，法律が明記しているのは，業務上の負傷または疾病による療養のため休業した期間，育児介護休業法による育児休業ないし介護休業の期間，産前産後の休業期間が，出勤扱い

となることである（労基法39条8項）。また、年休を取得して休んだ日数も、出勤扱いとなることは、行政解釈で認められている。

さらに、裁判所の判決により解雇が無効と確定した場合において、解雇されてから復職するまでの期間も、出勤扱いとされる。一方、不可抗力による休業日、使用者側に起因する経営、管理上の障害による休業日、正当な争議行為により労務の提供がなされなかった日などは、「労働日」に含まれない（つまり、出勤率の算定における分母にも分子にも含まれない）。

年休は，労働者から指定する

年休は、前述のように、労働者のほうから時季を指定して取得する（労基法39条5項本文）。これを時季指定権という。「時季」とされているので、取得したい季節を指定することでもよいが、通常は特定の日を指定する。

年休を取得する際には、雇用主の承認を必要とする取扱いをしているところもあるようであるが、法的には、雇用主の承認がなくても年休をとることができる。時季指定権は、労働者が一方的に行使できる権利だからである。

したがって、雇用主は、労働者の指定した時季に年休を取得させて、労働義務を免除する義務を負うが、例外として、労働者の「請求された時季に有給休暇を与えることが事業の正常な運営を妨げる場合においては、他の時季にこれを与えることができる」（同項ただし書）。これを、時季変更権という。

時季変更権は、労働者の指定した時季に年休を取得することを阻止する権利にすぎず、雇用主のほうから別の時季の年休を指定できるわけではない。あくまで年休の時季指定をするのは、労働者である。前述した雇用主による年休の承認という取扱いは、法

的には，雇用主が時季変更権を行使しないという意思の表明と解釈すべきであろう。

　時季変更権の行使が認められるのは，年休を取得されると，「事業の正常な運営を妨げる場合」であるが，単に「事業の正常な運営を妨げる」だけで，時季変更権が認められるわけではない。最高裁によると，雇用主には，「できるだけ労働者が指定した時季に休暇を取れるよう状況に応じた配慮をすること」が要請されている。たとえば，雇用主が通常の配慮をすれば，代替勤務者を配置することが可能な状況にあるのに，そのような配慮をせず代替勤務者が配置されないときは，たとえ客観的にみれば事業の正常な運営を妨げる場合に当たるとしても，時季変更権の行使は有効と認められない（**電電公社弘前電報電話局事件＜最重判119＞**）。

どのような目的で取得してもかまわない

　法律の条文では明記されていないが，年休自由利用の原則というものが，判例によって認められている。前述のように，年休の時季指定は，労働者が一方的にできることであり，そこには，どのような目的での取得も許されるという意味も含まれている。上司が好奇心で部下の年休について，目的を尋ねたりすることは，年休制度の趣旨に反する行動である（労働者のプライバシー侵害でもある）。

　ただし，労働者の年休取得に対して，「事業の正常な運営を妨げる」ために時季変更権の行使ができる場合に，雇用主側が，労働者の年休の取得目的（たとえば，親戚の結婚式に参加するためといった目的）によっては，時季変更権を行使しないこととするために，目的を尋ねることは適法と解されている。

細切れで取ってもよい

年休は，継続して取得することも，分割して取得することもできる（労基法39条1項）。当初は，年休は1日単位と解されていたが，雇用主が承認した場合には，半日年休も可能とされてきた。その後，2008年の労基法改正により，5日分を限度としてではあるが，雇用主と過半数代表との間で労使協定が締結されていれば，時間単位で年休を取得することも可能となった（39条4項）。

法文上は明記されていないが，年休は分割取得よりも継続取得のほうが望ましいことは，立法制定当初から意識されていた。たとえば，寺本廣作氏は，基礎日数（当初は6日）の分割を認めたのでは，「一定期間継続的に身心の休養を計るという年次有給休暇制度本来の趣旨は著しく没却される」と述べていた。ただ，「わが国の現場では労働者に年次有給休暇を有効に利用させるための施設も少なく，労働者は生活物資獲得の為，週休以外に休日を要する状況にもあ」ると（寺本1998・250頁。表記は現代語に修正），分割取得を認めた経緯を説明している。

前述のように，病気休暇制度が法定されていない日本では，病気になったときに年休を充当することが一般的である。現在では，子の看護のための休暇という制度が育児介護休業法（2004年改正で義務化）で定められているが，それ以前は自分だけでなく，子の病気のためにも，休暇を残しておく必要があった。現在でも，年休以外の休暇は基本的には無給なので（育児休業や介護休業のように，雇用保険から一定の所得補填がある場合もあるが），やはり有給である年休の意味は大きい。

時間単位年休が導入されたのも，日常的な生活上のニーズに年休を充てるニーズが高いこと（それに加えて，未消化の年休の取得を促進すること）に対応したものである。

とくに病気のために年休を残しておくということになると，自分や家族がいつ病気になるか予想することが難しいので，年休を連続取得して一挙に消化することへの抑制要因となる。これが，日本で長期連続休暇を取りづらく，そのため年休消化も進まない理由の1つとなっている。

まとめて取るのは難しい

それだけでなく，法的にも，長期連続休暇を取得しにくい事情がある。長期連続休暇を取得しようとすると，「事業の正常な運営を妨げる」ことになり，時季変更権が行使されやすくなるからである。

実際，判例によると，長期連続休暇のとき，雇用主は，できるだけ労働者が指定した時季に休暇を取れるよう状況に応じた配慮をすることが求められるものの，労働者は雇用主と事前の調整を図る必要があり，そのような調整を図らない場合には，雇用主の時季変更権の行使は有効と認められやすくなる（**時事通信社事件**〈最重判121〉）。長期連続休暇は，労働者の休息という点では望ましいものの，業務に支障を来すおそれがあり，法的にも時季変更権の壁に阻まれる可能性が小さくないのである。これでは，欧米並みのヴァカンスを楽しむことは簡単ではなくなる。

計画年休制度

年休の取得の促進のために，1987年の労基法改正で，計画年休制度が導入された。これは，雇用主と過半数代表との間の労使協定に基づき，年休日を特定してしまおうというものである。計画年休協定で定められた日数分については，労働者は時季指定権を失うことになるし，この年休日について，雇用主も時季変更権を

行使することができない。ただし，計画年休制度で年休が定められても，労働者は最低5日分の年休（みずから時季指定ができる自由年休）は保持できる（労基法39条6項）。

　個人では時季指定をして年休を取得しにくいため，計画年休というものが導入されたのであるが，残念ながら，この法制度の導入により，年休の取得が大幅に増えたという話は聞かない。

年休の取得に対する不利益取扱い
　年休を取得した日は，次年度の年休取得との関係では，出勤扱いとなることは前述のとおりである。しかし，その他の面で，年休取得による欠勤をどのように扱うべきかは，必ずしも明確ではない。年休を取れば，雇用主に嫌がられて，自分の評価に響くとなると，労働者は年休を取りにくくなる。

　こうしたことから，1987年の法改正では，労基法の附則の136条で，年休を取得した労働者に対して，「賃金の減額その他不利益な取扱いをしないようにしなければならない」という規定が設けられた。

　判例は，この規定は，その文言から努力義務を規定しているにすぎないとし，この規定を根拠にして，雇用主の行った不利益取扱いが無効となるとは解していない（**沼津交通事件**〈最重判123〉）。

　それでは，こうした不利益取扱いが当然に有効となるかというと，そうではない。この事件で問題となったのは，皆勤手当の支給について，年休取得日を欠勤扱いしていたという事案（欠勤が1日のときは半額となり，欠勤が2日以上のときは不支給とされていた）だったが，最高裁は，こうした取扱いの効力は，「その趣旨，目的，労働者が失う経済的利益の程度，年次有給休暇の取得に対する事実上の抑止力の強弱等諸般の事情を総合して，年次有給休

暇を取得する権利の行使を抑制し，ひいては同法が労働者に右権利を保障した趣旨を実質的に失わせるものと認められる」かどうかによって決まると述べた。

このケースでは，皆勤手当を設けることについて業務上の必要性があり，また皆勤手当の額が大きいものではないという事情が考慮され，雇用主の取扱いは有効と判断された。ただ，年休を取得したことにより失う金銭的な利益が多額で，そのことに業務上の必要性が認められないようなケースであれば，年休取得への実質的な抑止力が大きいと判断され，そうした措置が無効と判断される可能性は十分にある。

とはいえ，こうしたルールは微妙な法的判断を要するものである。さらに，年休に対する直接的な不利益は許されないとしても，年休を取得したことをマイナスに評価することが，どの程度まで許されないかははっきりしない。こうした状況も，年休取得へのマイナス要因となっている。

年休の買上げは許されるか？

年休を実際には取得しないで，その分を雇用主に買い上げてもらうことは認められるのだろうか。どうせ年休は取得しづらいので，お金で貰っておいたほうがよいと考える労働者も，日本なら少なくないかもしれない。

日本では，この点についての法律の規定はないが，行政解釈において，「年次有給休暇の買上げの予約をし，これに基づいて法第39条の規定により請求し得る年次有給休暇の日数を減じないし請求された日数を与えないことは，法第39条違反である」とされている。したがって，たとえば，雇用主が，労働者との間で，年休権を手当の支払いで代替させるという合意をしても法的には効

力がなく，依然として雇用主は本来の年休日数の付与義務を負い続けることになる。

　もっとも，年休権が時効や退職を理由に未消化のまま消滅したときに，その分について金銭を支払うことは違法でないと解されている。

3　外国の年休制度

　以上が日本の年休制度の内容である。労働者が指定した時季に年休を取得することができるという点は，労働者に有利なように思えるが，雇用主からすると，人員配置の問題などもあり，困った制度といえるかもしれない。実際の取得率が半分以下であるので，雇用主にとっての年休制度の問題は，深刻な形では顕在化していないかもしれないが，年休制度の本来のあり方を考えようとすると，日本の制度の内容には，改善すべき点が少なくないと思われる。そもそも，取得率が低いということそれ自体が問題である。

　そこで，以下，外国の年休制度を紹介することによって，日本法と，どのように違っているか，そして何か参考にすべき点がないかを検討することとしたい。

アメリカ

　アメリカは，労働時間に関しては，すでに述べた1週40時間を超えた場合の50パーセント以上の割増賃金という規制以外は存在しない。年休に関しても，法律では保障されていない。ただし，労働協約レベルでは，年休は，広く普及している。

欧州連合の労働時間指令

EU（欧州連合）の労働時間指令（2003/88/EC）には，前述のように，年休に関する規定もある。それによると，最低4週間の年次有給休暇を付与すること，雇用終了時を除き，代替手当の支給で置き換えてはならないこととなっている。

イギリス

労働時間規則（Working Time Regulations 1998）によると，労働者は，年に4週間の年休を取る権利を有する。ただし，取得のためには，13週間以上の勤続期間が必要である。

年休は，分割して取得することができるが，その権利が発生した年次休暇年内にしか取得することができない。雇用終了の場合以外は，手当の支払いで代替してはならない。

労働者は，年休を取得する場合には，取得しようとする休暇期間の2倍の期間の事前告知が必要である。一方，雇用主は，特定の日に，休暇の取得を求めたり，または，休暇を取得を禁止したりすることができる。その際には，取得を求めるときの場合には，求める日数の2倍分の日数の事前告知が必要であるし，取得を禁じるときの場合には，禁じる日数と同じ日数分の事前告知が必要となる。

ドイツ

年休は，労働時間を規制する法律（労働時間法）とは別の連邦休暇法で保障されている。

まず，労働関係の継続が6カ月以上の労働者は，1暦年につき24日以上の有給休暇を取得する権利を有する。

有給休暇の時期の確定にあたっては，労働者の希望が考慮され

る。ただし、緊急の経営上の理由がある場合、または社会的観点から優先される他の労働者の休暇希望と重なる場合は、この限りではない。

　有給休暇は、連続して取得できる。ただし、緊急の経営上の理由または労働者の個人的理由により必要な場合は、分割取得することができる。労働者が12日を超える有給休暇の権利を有している場合には、分割される有給休暇も、少なくとも12日は連続させなければならない。

フランス

　労働時間規制と同様、労働法典に規定がある。

　まず、1年間（6月1日から翌年の5月31日まで）の間に10日以上継続勤務した労働者には、毎年、有給休暇を取得する権利がある。

　年休の付与日数は、1カ月間の実労働につき、2.5労働日であり、上限は30日である。1カ月間の実労働とは、ここでは、4週間または24日の労働を指す。

　年休の取得期間は、労働協約によって定められるが、必ず各年の5月1日から10月31日までの期間を含むものとされている。取得方法も労働協約によって定められるが、労働協約がない場合には、雇用主が、慣行を参照しながら、従業員代表と企業委員会と協議した後、決定し、その際には、休暇の順番は、家族状況や勤続年数などを考慮する。夫婦やPACS（同性婚など）のパートナー同士が同一の使用者のもとで勤務する場合には、同時に取得する権利がある。いったん決定した休暇順位や取得日は、取得予定日の1カ月前以降は、例外的な場合を除き、変更することはできない。

1回で取得することができる休暇期間は，24日を超えることはできない。12労働日以下の休暇は，連続で付与しなければならない。つまり年休日数が12日以上ある場合，労働者は最低12日（最高24日）は連続取得しなければならない。

　なお，フランスでは，時間積立口座（Compte Epargne-Temps）という制度があり，年休やその他の休暇等を積み立てて，事後に取得するという制度もある。名称は似ているが，ドイツの労働時間積立口座とは違うものである。

イタリア

　憲法で，労働者には年次有給休暇を求める権利があり，前述のように，それを放棄することはできないと規定されている。

　これを受けて，民法典には基本的な規定がある。それによると，労働者には，継続勤務1年後に，年休を取得する権利がある。休暇取得は，できるだけ継続的でなければならない。休暇期間は，企業が，企業の必要性と労働者の利益を考慮して決定する。その期間は，事前に労働者に通知しなければならない。

　また2003年にEC指令を国内法化するために制定された法律では，年休について，次のような規定を置いている。

　労働者は，4週間以上の有休の年休を請求する権利をもつ。この期間は，労働者の請求があれば，分割取得ができるが，その場合でも，2週間以上は連続で，かつ，その休暇の発生した年に取得しなければならない。残りの2週間は，遅くともその年の終了から18カ月以内に取得しなければならない。

　4週間の期間については，取得しなかった休暇を手当で代替させることはできない。ただし，雇用関係の終了の場合は別である。

4 日本と欧米の年休制度の違いはどこにあるか？

　欧州の年休制度をみると、とくにドイツ、フランス、イタリアには、いくつかの共通のルールがある。

　まず、年休は連続取得が原則であることである。12日以上の年休日数があるのなら、少なくとも12日間は連続で取ることが求められている。細切れの分割取得は認められない。1日単位、さらには時間単位でも取得できる日本の年休制度は、欧州的な感覚では、もはや年休に値しないともいえる。

　年休の取得は、ドイツやイタリアでは、法律上は、雇用主が主導して決めることになっている。労働者の利益を考慮することは必要であるが、年休取得日の確定権は雇用主にある。イギリスでも、雇用主は年休時期の決定には強い権利がある。いずれにせよ、労働者に時季指定権があるという日本のシステムは、労働者にとって望ましいものだが、理想的すぎて現実的でなかったといえる。時季指定権と時季変更権とをぶつけ合わせて、年休日を特定していくという方法は、欧米にもないやり方であり、ましてや日本の雇用社会の風土にはなじまない。日本の年休の取得率が低い最も重要な原因は、この年休の取得方法にあるといっても過言ではない。

　また全労働日の8割出勤を要件としたり、勤続年数に応じて、年休日数が増加していくというような日本の年休制度が採用しているルールを採用している国はなかった。もっとも後者の勤続年数による年休日数の上昇は、ILO52号条約でもすでに定められていたことであり、欧州では年休日数が増えたので、その必要がなくなったと推測できる。一方、全労働日の8割以上の出勤要件は、戦後、労働者の労働意欲が減退していた状況を考慮して、出勤率

の悪い労働者に年休を与えないようにするために設けられたものであるが，年休の法的性質に対して，労働者の功労報償的な要素をもたらすことになり，働く労働者の保養という趣旨を弱めることになったのではないかと思われる（前年度の出勤率が悪くても，その年度の勤労に対する休息は必要である）。

　一方で，事前の買上げ（年休を金銭的な手当で代替すること）は，欧州でも日本でも禁止されているが，日本ではむしろ年休をあえて残しておこうとすること（そのために未消化に終わる）ことが多いので，事前の買上げという問題は深刻なものとなりにくいところに違いがある。

第 **7** 章

労働時間制度改革論は，何を議論してきたのか？

　企画業務型裁量労働制が導入されてから15年以上が経過した。この間，日本のホワイトカラーをめぐる労働時間制度改革は，ほとんど前進しなかった。この変化の早い時代における15年は長すぎる。この間，たしかに，ホワイトカラー・エグゼンプションをめぐる議論はあるにはあったし，その制度導入実現にまでかなり近づいたこともあったが，それは2009年の民主党政権の誕生により，遠のいた感があった。2013年，ホワイトカラー・エグゼンプションは，一人の首相の蹉跌と復権という命運に引きずられるように，再び議論の表舞台に戻ってきた。もう舞台から降りることは許されない。

1　労働時間制度改革論は，いつ始まったか？

　ここまで見てきたように，日本の労働時間規制は変遷を遂げながら今日に至っているが，その骨格は，実は1947年時点と大きくは変わっていない。いわば基礎部分はそのままに，後から生じたニーズに対応して建増しをしてきたようなものである。ただ，こうした弥縫策での対処を続けるのには，限界が来ていた。

　こうしたなか抜本的な改革の動きが現れたが，それは，異なる2つの方向に向かったものだった。1つが健康確保のための労働時間規制の強化であり，もう1つが，ホワイトカラー労働に適した労働時間法制にするための規制の弾力化である。後者は，保護規制の後退をもたらすものであるだけに反発も強く，政治的なイシューともなってきた。

企画業務型裁量労働制の導入

　1987年の労基法の改正により，日本の労働時間規制は大きな修正がなされたが，その当時の国策としての時短政策の重要性は徐々に低下し，その後は労働時間規制の弾力化がより重要な課題となっていった。1998年の改正による企画業務型裁量労働制の導入は，こうした弾力化の行き着いた一つの頂点といえるものであった。しかし，それは同時に，ホワイトカラーの労働時間の問題を直視して，新たな適用除外制度（ホワイトカラー・エグゼンプション）を本格的に検討するための序章となるはずのものだった。

　企画業務型裁量労働制について，濱口桂一郎氏は，「ホワイトカラーの労働時間制度の在り方について，その生産性の向上という問題意識から欧米の適用除外制度を導入しようという発想と，サービス残業を問題視する観点からその労働時間管理を適正化す

べきという考え方の狭間で生み出されてきたものという面があ」ると述べている（濱口・2003）。

ところが，この改正で実際にできあがった制度は，規制にがんじがらめで，きわめて使い勝手の悪いものだった。このことは，この制度の利用率の低さ（平成26年時点での導入企業は0.8パーセント）からもわかる。こうした中途半端な制度が導入されたことが，ホワイトカラー・エグゼンプションの導入論に火をつけることとなった。

総合規制改革会議での問題提起

現在にまで続く労働時間制度改革論のきっかけとなったのは，総合規制改革会議の「規制改革の推進に関する第1次答申」（2001年12月11日）ではないかと思われる。この答申では，長期的な経済・社会の構造変化（高齢化，グローバル化に代表される国際競争環境の変化，消費者選択の多様化に代表される国内競争環境の激化，IT化に代表される技術構造の急速な変化など）をふまえて，裁量労働制の拡大を提案する一方で，次のような提言をしていた。

「現行の裁量労働制は，みなし労働時間制を採用しており，労働時間規制の適用除外を認めたものではないが，その本質は『業務の遂行の手段及び時間配分の決定等に関し当該業務に従事する労働者に対し具体的な指示をしないこと』にあることを踏まえると，管理監督者等と同様，時間規制の適用除外を認めることが本来の姿であると考えられる。よって中長期的には，米国のホワイトカラーエグゼンプションの制度を参考にしつつ，裁量性の高い業務については適用除外方式を採用することを検討すべきである。なお，その際，現行の管理監督者等に対する適用除外制度の在り方についても，深夜業に関する規制の適用除外の当否を含め，併

せて検討すべきである」。

ここでは「米国のホワイトカラーエグゼンプション」という言葉が使われ，アメリカの制度を参考にしながら，裁量労働制や管理監督者制の見直しをふまえた適用除外制度の検討が提案されていた。

2001年といえば，ちょうど日本労働法学会が総力を結集して完成させた『講座21世紀の労働法』（有斐閣）の刊行から1年ほど経っていた頃である。その第5巻『賃金と労働時間』の「第9章 労働時間規制の目的と手段」という論文のなかで，法政大学の浜村彰教授は，次のように書いていた。

「経済のサービス化・ネット化，産業構造の高度化・ソフト化と技術革新の一層の進展は，テレ・ワークをはじめとした就労形態の多様化と知的・創造的労働の拡大をもたらし，そして，それは，従来の一律的画一的時間規制領域の比重を相対的に低下させながら，時間規制の弾力化と個別化を進行させ，裁量労働制などの労働者の自己管理的時間制度や場合によっては適用除外領域の拡大をもたらす可能性がある」（180頁）。

これは的確な予言だったが，浜村教授は，この論文では具体的な政策提言はせず，短期的な課題として，変形労働時間制や裁量労働制の規制の厳格化を検討するにとどまっていた（一方で，労働者代表制度の充実についての提言をしていた）。

これに比べると，総合規制改革会議の規制緩和に向けた踏み込んだ提言は，労働法学に少なからぬショックを与えたものであった。ただ，その問題意識や改革の方向性は，労働法学においても，ある程度想定内のものであったと思われる。

「新しい自律的な労働時間制度」の提案へ

　総合規制改革会議は，その後，同様の内容の第2次答申を行い，そして，2004年3月19日の「規制改革・民間開放推進3か年計画」の閣議決定につながっていく。

　その前年の2003年7月4日に実現した労基法改正で，裁量労働制の見直し（専門業務型裁量労働制を導入する場合の労使協定の決議事項に，健康・福祉確保措置および苦情処理措置を追加，企画業務型裁量労働制の導入・運用の要件・手続を緩和）がなされたところであるが，第2次答申では，これでは不十分としていた。

　また，ホワイトカラー・エグゼンプションに関しては，総合規制改革会議の第1次答申をほぼ引き継いでいるが，アメリカの制度についての改革の動向もみるとしていることや，「労働者の健康に配慮する等の措置を講ずる中で，適用除外方式を採用することを検討する」というように，健康確保にも言及した点が，第1次答申から修正された点だった。

　この適用除外制度の見直しを中心とする労働時間制度改革は，閣議決定を受けたこともあり，政府の重要な政策課題になった。そうしたなか，厚生労働省に2005年4月に設置された「今後の労働時間制度に関する研究会」が，2006年1月27日に発表した報告書は，かなり思い切った内容のものだった。

　なかでも注目されるのが，「自律的に働き，かつ，労働時間の長短ではなくその成果や能力などにより評価されることがふさわしい労働者の増加」という現状認識をしたうえで，「高付加価値かつ創造的な業務に従事する労働者を中心に，自律的に働き，かつ，労働時間の長短ではなく，成果や能力などにより評価されることがふさわしい労働者も増えており，これらの労働者についてはそのような評価がなされることにより，労働意欲が向上し，そ

の更なる能力発揮が期待できるとともに，労働者自身にとっても，より自律的で満足度の高い働き方が可能になると考えられる」とし，「現行の制度では，このようなグループの労働者の働き方に必ずしも対応できていないと考えられる」ため，「これらの労働者がより一層能力発揮でき，自律的で満足度の高い働き方が可能となるようにするという観点から，従来の実労働時間の把握を基本とした労働時間管理とは異なる新たな労働時間管理の在り方について検討を加え，それに対応した労働時間制度の見直しを行うことが必要と考えられる」と述べている部分である。こうして，具体的に「新しい自律的な労働時間制度」を提案したのである。

この報告書では，「労働時間の割増賃金の適用除外制度として米国のホワイトカラー・エグゼンプションがあるが，米国は，労働時間自体の上限を設定しない規制の仕組みとなっていることや，労働事情，特に，我が国と比べた場合，転職が容易であることにより，過剰な長時間労働を強いられることを自ら防ぐことができる状況にあるという点が我が国と大きく異なるため，同制度をそのまま我が国に導入することは適当でない」として，米国の制度とは距離を置くこととしたため，「新しい自律的な労働時間制度」は，いわば日本流にアレンジされたホワイトカラー・エグゼンプションといえるものだった。

「新しい自律的な労働時間制度」は，その後，厚生労働省の労働政策審議会労働条件分科会の2006年12月27日に出された答申のなかにも「自由度の高い働き方にふさわしい制度の創設」という形で盛り込まれ，2007年1月25日には，「自己管理型労働制」と名称を改めて，「労働基準法の一部を改正する法律案要綱」（以下，改正要綱）が作成され，同年2月2日には，労働条件分科会は，これについておおむね妥当との意見を出した。ただし，労働者代

表委員から,「既に柔軟な働き方を可能とする他の制度が存在すること,長時間労働となるおそれがあること等から,新たな制度の導入は認められない」との意見があった。

自己管理型労働制 （2007年1月25日の改正要綱）

一　労使委員会が設置された事業場において,労使委員会が委員の5分の4以上の多数により四に掲げる事項について決議をし,かつ,使用者が当該決議を行政官庁に届け出た場合において,三のいずれにも該当する労働者を労働させたときは,当該労働者については,休日に関する規定は二のとおり適用し,労働時間,休憩,時間外及び休日の労働並びに時間外,休日及び深夜の割増賃金に関する規定は適用しないものとすること。

二　使用者は,一により労働する労働者（以下「対象労働者」という。）に対して,4週を通じて4日以上かつ1年間を通じて週休2日分の日数（104日）以上の休日を確実に確保しなければならないものとし,確保しなかった場合には罰則を付すものとすること。

三　対象労働者は,次のいずれにも該当する労働者とするものとすること。

（一）　労働時間では成果を適切に評価できない業務に従事する者

（二）　業務上の重要な権限及び責任を相当程度伴う地位にある者

（三）　業務遂行の手段及び時間配分の決定等に関し使用者が具体的な指示をしないこととする者

（四）　年収が相当程度高い者

注　対象労働者としては管理監督者の一歩手前に位置する者が想定されることから,年収要件もそれにふさわしいもの

とすることとし，管理監督者一般の平均的な年収水準を勘案しつつ，かつ，社会的に見て当該労働者の保護に欠けるものとならないよう，適切な水準を検討した上で厚生労働省令で定めることとする。
四　労使委員会は，次に掲げる事項について決議しなければならないものとすること。
（一）　対象労働者の範囲
（二）　賃金の決定，計算及び支払方法
（三）　週休２日相当以上の休日の確保及びあらかじめ休日を特定すること
（四）　労働時間の状況の把握及びそれに応じた健康・福祉確保措置の実施
　　注　「週当たり40時間を超える在社時間等がおおむね月80時間程度を超えた対象労働者から申出があった場合には，医師による面接指導を行うこと」を必ず決議し，実施することを指針において定めることとする。
（五）　苦情処理措置の実施
（六）　対象労働者の同意を得ること及び不同意に対する不利益取扱いをしないこと
（七）　一から六までに掲げるもののほか，厚生労働省令で定める事項

ホワイトカラー・エグゼンプションから，ワーク・ライフ・バランスへ

　結局，この制度の導入は実現しなかった。日本版ホワイトカラー・エグゼンプションは，「残業代ゼロ」をもたらすものであるという批判が強かったからである。

　こうして，2007年４月６日に発表された，経済財政諮問会議の

第7章　労働時間制度改革論は，何を議論してきたのか？

労働市場改革専門調査会第1次報告では，労働時間がテーマの一つとなっていたものの，そこでは労働時間短縮やワーク・ライフ・バランスに関する記述が中心となり，ホワイトカラー・エグゼンプションに関連する記述は姿を消すこととなった。ただし，ワーク・ライフ・バランスを実現するための政策として，次のような記述は残された。

「第2に，時間当たりの生産性の向上である。このためには，個々の労働者の仕事上の権限と責任とが明確な，個人を単位とした働き方を拡げなければならない。また，これまでの慢性的な長時間労働を前提とした働き方を見直し，時間当たりの生産性を高めるようなインセンティブが必要である。このためには，労働者の健康管理のために，一定の休日数の確保等を義務づけた上で，労使間の合意により，労働時間と報酬がリンクしない，新たな労働時間制度を構築すべきとの意見もある」。

こうして，労働時間に関する政策課題は，表面的には労働時間の短縮とワーク・ライフ・バランスが中心となり（いわば規制の強化），規制を緩和する方向の議論は表舞台から消えた感があった。

さらに，2007年11月28日に制定された労働契約法［施行は2008年3月1日］には，「仕事と生活の調和（ワーク・ライフ・バランス）の配慮」に関する規定が導入され（3条3項），同年12月18日には『仕事と生活の調和（ワーク・ライフ・バランス）憲章』および『仕事と生活の調和推進のための行動指針』が制定された。後者の行動指針では，「健康で豊かな生活のための時間の確保」として，「時間外労働の限度に関する基準を含め，労働時間関連法令の遵守を徹底する」，「労使で長時間労働の抑制，年次有給休暇の取得促進など，労働時間等の設定改善のための業務の見直しや要員確保に取り組む」といった内容が盛り込まれている。

2008年12月12日の労基法改正では，結局，2007年1月25日の改正要綱のなかの「長時間労働に対する割増賃金率の引上げ」と「年次有給休暇制度の見直し」の部分だけが採用された。前者は規制の強化であり，後者は2006年1月の研究会報告書で言及されていた年休制度の見直し論のなかで，最も本筋から遠い部分が取り上げられた感があった。当初の労働時間制度改革の流れは，その後，雇用分野では規制強化を重視する民主党政権が2009年9月に誕生したこともあり，いったん途絶えたかのようにも思われた。

こうして，2007年以降，ホワイトカラーの労働時間問題といった労働時間制度改革論はほとんど論じられなくなった。

2　第2次安倍政権下で再燃する改革論

三位一体改革の提言

ところが，2012年末に第2次安倍内閣が誕生したこともあり，再び労働時間制度改革論議が現れた。復活した規制改革会議の雇用ワーキンググループで，2010年に刊行されていた『労働時間改革―日本の働き方をいかに変えるか』（日本評論社）の編者をしていた鶴光太郎教授が座長となり，この議論を再燃させたのである。

2013年6月5日の規制改革会議の『規制改革に関する答申～経済再生への突破口～』では，労働時間について，「多様で柔軟な働き方を進める観点から，労働時間法制について，企画業務型裁量労働制の弾力化やフレックスタイム制の見直しを進める他，時間外労働の補償の在り方（金銭補償から休日代替へ，労働時間貯蓄制度の整備），管理監督者等の労働時間規制に関する適用除外制度と裁量労働制度との連続性・一貫性のある制度としての整理統合なども視野に入れて検討すべきである」との提言がなされ，2013年6月14日で閣議決定された規制改革実施計画でも，「企画

業務型裁量労働制やフレックスタイム制をはじめ，労働時間法制について，ワークライフバランスや労働生産性の向上の観点から，労働政策審議会で総合的に検討する」という一文が盛り込まれた。

また，2013年12月5日の「労働時間規制の見直しに関する意見」では，①「健康確保の徹底のための取組み」，②「ワークライフバランスの促進」，③「一律の労働時間管理がなじまない労働者に合った労働時間制度の創設」という3つの改革の柱を立て，①については，「労働時間の量的上限規制の導入が必要である」とし，②については，「年次有給休暇消化率，長期連続休暇の取得率が国際的にみても低い」ことから，「休日・休暇取得促進に向けた強制的取り組みや，労働時間貯蓄制度（時間外労働に対して割増賃金ではなく休暇を付与する制度）の本格的導入などが必要である」とし，③については，「労働者の中には，その成果を労働時間の長さで測ることができず，実労働時間で管理することがなじまない層が多様に存在する。こうした労働者の生産性を上げ，長時間労働を解消するために，労働時間の長さと賃金のリンクを切り離し，その働き方にあった労働時間制度が必要である」とする。そこでは，①〜③を三位一体改革と呼んでいるが，改革としての本丸は③であり，①と②は，いわばその前提と呼べるものかもしれない。

労働時間上限要件型と高収入・ハイパフォーマー型の適用除外制度

一方，規制改革会議とはまた別に，産業競争力会議でも，『産業競争力会議「雇用・人材分科会」中間整理（案）〜「世界でトップレベルの雇用環境・働き方」の実現を目指して〜』を2013年12月26日に発表している。ここでも規制改革会議と同様の三位

一体型改革に言及されていたが，2014年4月22日に，「個人と企業の成長のための新たな働き方〜多様で柔軟性ある労働時間制度・透明性ある雇用関係の実現に向けて〜」が発表されて，ここに「新たな労働時間制度の創設」として，具体的な制度改革案が含まれていたため，マスコミでも大いに話題となった。

　まず，そこでは，「基本的な考え方」が，次のように述べられている。

「○多様で柔軟な働き方を可能にするため，新たな労働時間制度を創設する。

　○新たな労働時間制度は，業務遂行・健康管理を自律的に行おうとする個人を対象に，法令に基づく一定の要件を前提に，労働時間ベースではなく，成果ベースの労働管理を基本（労働時間と報酬のリンクを外す）とする時間や場所が自由に選べる働き方である。

　○また，職務内容（ジョブ・ディスクリプション）の明確化を前提要件とする。目標管理制度等の活用により，職務内容・達成度，報酬などを明確にして労使双方の契約とし，業務遂行等については個人の自由度を可能な限り拡大し，生産性向上と働き過ぎ防止とワーク・ライフ・インテグレーションを実現する。

　○また，成果ベースで，一律の労働時間管理に囚われない柔軟な働き方が定着することにより，高い専門性等を有するハイパフォーマー人材のみならず，子育て・親介護世代（特に，その主な担い手となることの多い女性）や定年退職後の高齢者，若者等の活用も期待される」。

　そのうえで，「制度のイメージ」として，2つのタイプのものを提案する。それが，Aタイプ（労働時間上限要件型）とBタイプ

（高収入・ハイパフォーマー型）である。

Ａタイプ（労働時間上限要件型）の内容は，次のようなものである。

[対象者]
- 国が示す対象者の範囲の目安を踏まえ，労使合意を要する（職務経験が浅い，受注対応等，自己で管理が困難な業務従事者は対象外）。
- 本人の希望選択に基づき決定。

[労働条件・報酬等]
- 労働条件の総枠決定は法律に基づき，労使合意で決定（年間労働時間の量的上限等は国が一定の基準を示す）。
- 期初に職務内容を明示し，業務計画や勤務計画を策定。不適合の場合，通常の労働管理に戻す等の措置。
- 報酬は労働時間と峻別し，職務内容と成果等を反映（基本はペイ・フォー・パフォーマンス）。
- 労基法と同等の規律がある場合，現行の労働時間規制等とは異なる選択肢を提示し，労使協定に基づく柔軟な対応可。

[健康確保]
- 健康管理時間を厳格に把握し，健康確保措置。

[導入企業]
- 当初は過半数組合のある企業に限定。
- 導入企業は労基署に労使協定等を届出（罰則等の履行確保措置を法律に規定）。

一方，Ｂタイプ（高収入・ハイパフォーマー型）の内容は，次のようなものである。

［対象者］
- 高度な職業能力を有し，自律的かつ創造的に働きたい社員（対象者の年収下限要件（たとえばおおむね1000万円以上）を定める）。
- 本人の希望選択に基づき決定。

［労働条件・報酬等］
- 期初に職務内容や達成度・報酬等を明確化。
- 職務遂行手法や労働時間配分は個人の裁量にゆだねる。
- 仕事の成果・達成度に応じて報酬に反映（完全なペイ・フォー・パフォーマンス）。
- （成果未達等により）年収要件に不適合の場合は通常の労働管理に戻す等の措置。

［健康確保］
- 就労状況を把握し，健康管理に活用。

［導入企業］
- 当初は過半数組合のある企業に限定。
- 導入企業は労基署に届出（罰則等の履行確保措置を法律に規定）。

日本再興戦略

その後，政府は，2014年6月24日に「日本再興戦略」を閣議決定し，これが現在の最も新しい政府の政策綱領である（⇒プロローグ）。

そこでは，「時間ではなく成果で評価される制度への改革」として，「時間ではなく成果で評価される働き方を希望する働き手のニーズに応えるため，一定の年収要件（例えば少なくとも年収1000万円以上）を満たし，職務の範囲が明確で高度な職業能力を

有する労働者を対象として，健康確保や仕事と生活の調和を図りつつ，労働時間の長さと賃金のリンクを切り離した『新たな労働時間制度』を創設することとし，労働政策審議会で検討し，結論を得た上で，次期通常国会を目途に所要の法的措置を講ずる」とされている。

この『新たな労働時間制度』は，実際上は，ホワイトカラー・エグゼンプションを想定している。

また，厚生労働省でも，労働政策審議会における労働時間法制の今後の検討課題として，次のものを挙げている。

1　長時間労働抑制策・年次有給休暇の取得促進策について
　(1)　長時間労働抑制策
　・中小企業における月60時間超の時間外労働に対する割増賃金の在り方（平成20年労基法改正法附則3条）
　・時間外労働の限度の在り方等
　(2)　年次有給休暇の取得促進策
　(3)　その他
　・労働時間等設定改善法の活用等
2　フレックスタイム制について
　・清算期間の延長
　・清算の際の事後的な年休取得
　・完全週休2日制の場合における月の法定労働時間の特例
3　裁量労働制の新たな枠組みについて
　・対象業務
　・健康確保等のための措置
　・手続の見直し
4　新たな労働時間制度について
　・法的効果
　・手続

- 対象業務（時間ではなく成果で評価される働き方）
- 対象労働者（一定の年収要件（たとえば，少なくとも年収1000万円以上），職務の範囲が明確で高度な職業能力を有する労働者）
- 健康確保等のための措置

　1は，従来型の労働時間規制の延長線上にあるが，(1)の中小企業に対する1ヵ月60時間以上を超える時間外労働に対する割増賃金の引上げ猶予の撤廃は，割増賃金による時間外労働抑制効果に疑問を呈している本書の立場からは問題があると評価せざるをえない。一方，年休の取得促進は，もとよりその方向性には異論はないが，大切なのはそのやり方となる。2と3は，弾力的な労働時間制度であるフレックスタイム制や裁量労働制の利用をより広げることが目的である。どちらの規制も，法的な規制が強いため使い勝手が悪い状況にあるので，それを改善しようとする方向性については異論はない。

　注目されるのは，2と3と並んで4の「新たな労働時間制度」が，労働政策審議会での検討対象となっていることである。これは，日本再興戦略に沿ったものであり，具体的にどのような制度が提案されるかについては，まだ予想がつかないが，ホワイトカラー・エグゼンプションがいよいよ立法化に向けて本格的に動き出したことは確かである。

　ただ，政府が，これを裁量労働制とは別の制度として検討していることについては疑問もある。労働時間規制の中核な部分である割増賃金規制を適用除外とするという点では，裁量労働制も「新たな労働時間制度」も，さらには管理監督者も，1つに括ることができるのであり，そうである以上，これらの制度は，すべ

て同じ適用除外制度のなかに統合したほうがわかりやすいし，またそうすべきと思われる。

たしかに，「新たな労働時間制度」は，それが適用されたときの効果として，深夜割増賃金や休日割増賃金も適用除外とする完全なエグゼンプションとする点で，裁量労働制とは違う。ただ，この点は，裁量労働制に，深夜割増賃金や休日割増賃金を認めているところに問題があるともいえる。裁量労働制の適用対象労働者は，自らの判断で労務を遂行できる労働者たちであり，こうした人が深夜や休日に勤務することを選択したからといって割増賃金を請求できるのは適切とは思えない。同じ問題点は，深夜割増賃金が適用されると解されている管理監督者にもあてはまる。裁量労働制の適用対象労働者も管理監督者も，割増賃金を完全に適用除外とすることは，むしろ望ましいことといえる。

また，「新たな労働時間制度」は，「時間ではなく成果で評価される働き方」の受け皿となるもので，管理監督者とは制度趣旨が異なるという考え方もあろう。しかし，管理監督者であれ，裁量労働制の適用対象労働者であれ，時間と切り離された処遇に適しており，そうすると最もこれに適した賃金制度は成果型賃金となり，その働き方は，「時間ではなく成果で評価される働き方」となるのである。逆に，「新たな労働時間制度」は，成果型賃金の導入を必須の要件とするものではなかろう。

このように「時間ではなく成果で評価される働き方」に適した労働時間制度は，管理監督者制や裁量労働制であり，ただ現行の制度では不十分なので，それを発展解消する形で「新たな労働時間制度」が必要とされているのである。したがって，「新たな労働時間制度」とは別に，裁量労働制を存続させる必要はないのである。

3 労働法学の反応は？

　規制改革会議が提案し，「日本再興戦略」にも採り入れられている三位一体改革は，少なくとも①「健康確保の徹底のための取組み」と②「ワークライフバランスの促進」は労働法学においても肯定的に評価できるものだろう。三位一体でやるかどうかはともかく，健康確保についての配慮をする制度設計を考えることは当然の前提であり，産業競争力会議のAタイプとBタイプでも，そうなっている。

　結局のところ，問題は，対象を限定するとしても，労働時間の適用除外制度を導入することをどう評価するかである。この点について，労働法学の代表的な立場を示している和田肇教授の見解をみると，その主張のポイントは次の3つの点にあるといえよう（和田2014）。

　第1が，現行法の管理監督者制度や裁量労働制でも十分に対応できる，というものである（労働条件分科会でも，労働者委員が同旨の主張をしていた）。

　第2に，改革をするのならフレックスタイム制を改革して対応すればよいというものである。

　第3に，労使自治を重視する制度に対する批判である。日本の全事業所の約9割に労働組合が存在しないなかで，労使自治に言及することは非現実的であること，日本の過半数代表者には労使自治を担いうる制度的な担保が欠けていることが，その理由である。

　以上のうち第1の主張については，私は管理監督者制には適用対象の不明確性などの問題があり，裁量労働制には制度の導入手続の煩雑さなどの問題があるとする立場である（⇒第5章）。そ

もそも，管理監督者制も裁量労働制も，広い意味での適用除外制度に括ることができるものであり，現在の制度の問題点を解決するために，発展的に解消して，新たな統一的な制度を設けるという試みには十分に意味があると考えている。

第2の主張は，私も異論はなく，フレックスタイム制についての規制緩和は望ましいと考えている。とくに清算期間が1カ月以下とされており，労働時間の過不足についての調整が容易ではないことについては改善の必要があるし，導入要件の緩和も必要と考えている（現行のフレックスタイム制については，第2章を参照）。フレックスタイム制を改善すれば，自由な働き方の受け皿として，いっそう重要な役割を果たしていくであろう。ただ，フレックスタイム制も，実労働時間を規制する伝統的な規制手法の枠内のものであることに変わりはなく，時間と切り離された創造的な働き方をする労働者に必ずしも適したものとはいえない。

第3の批判については，今後の労働法のあり方を考えていくうえでの基本にかかわるところである。自立的で分権的な労働条件決定システムは，前著（大内2013（b））でもこれを重視した立法構想を述べたところであるが，こうした労使自治を前提とした労働法制を構想していくことには，日本の労働法学会には強い抵抗があるようである。この点は第8章で触れることにする。

4　三位一体改革への若干の疑問

私自身は，規制改革会議や「日本再興戦略」において示されている「新たな労働時間制度」を構築しようとする方向性には，本書ですでに述べてきたことからもわかるように賛成の立場である。ただ，三位一体改革を，そのまま支持できるかというと，必ずしもそういうわけではない。

たしかに，2000年代初期の労働時間制度改革論が，もっぱら裁量労働制の見直しやそれと関連した適用除外制度の創設をめぐる議論だったのに対して，第2次安倍政権下では，健康確保とワーク・ライフ・バランスという労働時間の2つの主たる規制目的を掲げて，その観点からの規制強化も同時に打ち出している点に特徴があるといえる。

　この2つの柱について規制を強化することに反対する論者はほとんどいないだろう。ただし，その後の産業競争力会議で出された2014年4月22日の提案（A案，B案）も合わせてみると，この三位一体改革については，若干の疑問がある。

「一体」である必然性は？

　第1に，健康確保のための規制強化については，適用除外の対象となる労働者だけでなく，一般労働者にも及ぼすべきものであるため，反対論が出ることが必至の適用除外の問題と切り離して改革を進めるべきである。

　もちろん3つを同時に改革できるのならば，それでもよいが，適用除外論で改革が難航するとなると，健康確保のための規制強化も，それに引きずられて難航するおそれがある。

　もっとも，規制改革会議の立場からすると，適用除外論に踏み込む必要があるからこそ，多くの支持を得やすい健康確保やワーク・ライフ・バランスのための規制強化も同時に打ち出している可能性もある。戦略としては十分に理解できるが，労働法学者の多くは，「一体」で改革する必要なしと主張するだろう。

　私自身は，規制強化と適用除外は別の筋の議論であることからすると，「一体」にこだわる必要性はなく，実現の優先順位は規制強化にあると考えている。

自己決定の尊重を

第2に、理論的に考えると、適用除外の対象とすべき労働者に対して、どこまで健康確保やワーク・ライフ・バランスのための規制を及ぼすべきかについて、なお検討の余地が残っているように思われる。

ここで振り返りたいのは、第1章で問題提起した、労働時間の規制はなぜ必要かという論点である。労働時間に関する規定の適用除外をするに適した労働者とは、労働時間に関する自己決定を法的にも尊重するに適した労働者である。そうだとすると、健康確保やワーク・ライフ・バランスのための労働時間の規制は、過剰な介入になる危険性があるのである。

また、産業競争力会議の掲示したAタイプ（労働時間上限要件型）では、健康確保のための労働時間管理と年間の上限設定が含まれている。Aタイプの対象者の性格づけは必ずしも明確ではないものの、適用除外制度の対象とすることが正当化できるような労働者であれば、健康確保等のための労働時間規制は不要とすべきではないかと思われる。

5　ホワイトカラー・エグゼンプション導入への障害は、もはや存在しない？

改革論復活の背景にあるもの

以上の日本の労働時間制度改革をめぐるこれまでの議論を振り返ると、ワーク・ライフ・バランス論が強まってきたことが、労働時間の規制の趣旨に、現代的な意義を盛り込み、停滞してきた議論のブレイクスルーの可能性を生んだと指摘することができよう。

長時間労働を抑制することは、弱者である労働者の健康保護に

とどまらず，労働者の生産性を上げることにもつながり，雇用主と労働者との間にウィン・ウィンをもたらす。それは日本の経済の将来にとってプラスになり，成長戦略にも乗りやすい。ワーク・ライフ・バランスの向上は，女性や高齢者の登用にもつながりやすい。こうしたことが，第2次安倍政権の打ち出す政策にフィットしたことが，労働時間制度改革が急速に進みだした背景にある。

どちらかというと経済学者主導のこうした動きに，労働法学は警戒感をもっているようでもある。ただ，たとえ同床異夢の面があっても，労働法学としては，もとより，健康確保の強化のために，労働安全衛生法などの他の法制度の改善とも連動させながら，労働時間の上限設定と年休取得促進などの措置を進めていくことに異論はなかったと思われる。

また，最も抵抗の大きいホワイトカラー・エグゼンプションに関しても，そういう言葉を使うかどうかはともかく，割増賃金の適用をせずに労働時間と賃金の連携を切り離す働き方に適した労働者がいることは，労働法学でも認めているところだった。ただ，その制度の受け皿が既存のもの（管理監督者制や裁量労働制）でよいかどうかについて議論が分かれるだけである。

割増賃金との訣別のとき？

ただ，ここで重要なことは，実は労働法学においても，労働者の健康確保やワーク・ライフ・バランスのために，割増賃金の規制を強化すべきという声がほとんどないことである。それは，すでに労基法の2008年改正で実現したという理由もあるが，ドイツの労働時間積立口座の経験など，割増賃金を活用しなくとも，労働者に望ましい効果を生じることが知られるようになってきたか

らでもあろう。しかも前記2008年改正で，1カ月に60時間を超える時間外労働に対する割増賃金が25パーセントから50パーセントに引き上げられたとき，その引き上げられた分については，労使協定があれば休日で代替することが認められた（労基法37条3項）。すでに時間外労働の金銭補償から代替休日へという道筋ができあがっているともいえる。

　ホワイトカラー・エグゼンプションへの批判の中心は「残業代ゼロ」となることと，健康への悪影響があることだった。しかし，前者については，時間外労働の補償は，金銭でなく，代替休日のような休息確保でよいとなると，割増賃金制度の位置づけは大いに変わることになる。後者については，割増賃金よりも，より直接的な健康確保対策に重点が移行してきている。このようにみると，ホワイトカラー・エグゼンプション導入へのハードルは，すでに大幅に取り除かれているともいえるのである。

第8章

新たな労働時間制度に向けての提言

　日本の労働時間制度に変化が必要なのは明らかだ。問題は，どうやってやるかだ。たとえば，割増賃金にこだわるのをやめてみたらどうか。健康確保は，もっと直接的にやればいいだろう。青天井の残業がなくなるだけで，状況はかなり変わる。休日出勤はごく例外的な場合だけにすることも必要だろう。年休は，雇い主のほうから取りやすくするよう手立てをしてくれれば労働者は助かるだろう。これらだけでも，随分と休める時間が増えるはずだ。

　一方で，成果で報酬をもらっている労働者は，休むより労働と言うかもしれない。それが他の労働者の迷惑にならないのだったら，本人の自己決定に任せてしまってよいだろう。そういう働き方を望む人が，いまどれだけいるかわからないけれど，今後は，こういう人が増えて，存分に創造的な働き方をしてくれなければ，日本の経済の明るい展望は開けない。ホワイトカラー・エグゼンプションとは，そういう人たちのための，労働時間に縛られない制度なのである。

1　割増賃金はほんとうに維持すべきか？

　割増賃金不要論を唱えたりすると，労働法学界からは，正気の沙汰ではないといわれるかもしれない。しかし，本書での検討結果をたどっていくと，割増賃金制度を積極的に維持する理由が見あたらない。

国際スタンダードは不要論？

　それは，比較法から導き出される結論でもある（⇒第4章）。日本の割増賃金規制のモデルとなっているアメリカ法では，労働時間の上限規制という直接規制はない。アメリカ法で割増賃金規制という間接的な規制があるとしても，日本では，より直接的な規制があるからそれで十分ともいえるだろう。

　それに対しては，日本では直接的な規制が弱いから，割増賃金規制が必要という反論も考えられるが，それには，だからこそ直接的な規制を強化する改革をする必要があるのだと答えたい。その改革の提案内容は後述する（⇒本章2）。

　欧州との比較からは，割増賃金不要論は，むしろ自然に導き出される。労働時間指令には，割増賃金規制はない。欧州では各加盟国に義務づけられるべき規制とは考えられていないのである。直接的な規制をすれば，割増賃金規制をあえて義務づける必要はないということだろう。ドイツのように，法律上の割増賃金規制を撤廃した国もある。もちろん，法律上の義務づけがないとしても，労使が自主的に労働協約などにおいて，割増賃金制度を導入することは可能であるが，それは別の問題である。

割増賃金のペナルティ機能には限界がある！

　第5章10②でもふれたが，割増賃金のもつ雇用主へのペナルティ機能を働かせるのは，容易ではない。具体的には，次の3つの問題があった。ここで，もう1度，確認しておこう。

　第1に，割増賃金の支払方法は多様であるが，基本給への組入れのようなケースをはじめ，どのような場合に，それが適法な支払方法かわかりにくい。労働法の専門家でなければはっきりわからないようなルールなので，結局のところ，雇用主に有利な取決めが横行している。これも広義の不払（サービス）残業問題であり，雇用主のコンプライアンスが問われるべきかもしれないが，法律のルールの不明確性にこの問題の真因がある。だからといって，割増賃金の支払方法を法律で特定してしまうことがよいかというと，それは法の過剰介入となろう。

　第2に，労働時間概念の不明確性である。「指揮命令下に置かれている時間」かどうかという判断基準しかないなか，ここでもルールの不明確性が問題となる。工場労働者（ブルーカラー）のように，上長の指揮下で働くというような就労形態であれば，労働時間性の判断は比較的容易だが，ある程度自らの裁量で仕事を進める要素があるホワイトカラーは，どこまでを雇用主の指揮命令下と判断してよいか困難なことが少なくない。労働時間数の算定が正確にできなければ，割増賃金制度の根幹が揺らぐことになる。

　第3に，割増賃金額が，企業によって操作可能なことも挙げられる。割増賃金の総額は，時間外労働時間数と算定基礎賃金とをかけ合わせて決まる。基本給を引き下げたり，算定基礎に含まれない賞与の配分を高めたりして，算定基礎額を低く抑えれば，割増賃金の負担は小さくなる。

健康面では逆効果

　割増賃金があると，長時間労働をすれば，賃金が増加する。これは割増賃金が，長時間労働に対する報酬としての意味を持つことを示している。

　こうした報酬的側面は，労働者の長時間労働の促進要因となる。もちろん，前述のような上長の指揮下で働く工場労働者であれば，労働時間の長さの決定は雇用主によって行われるので，割増賃金のペナルティ機能に期待をすることが可能である。しかし，自らの裁量により仕事を進める要素があるホワイトカラーは，自らの判断で労働時間の長さを決定しやすいので，割増賃金が長時間労働を促進させることがありうる。割増賃金があるから長時間労働になるという明確な因果関係があるという事実は確認できていないが，理論的には，所得効果と代替効果の関係に影響を与え（代替効果が大きくなり），長時間労働を促進する可能性がある（⇒第5章6）。

　もちろん，ライフを重視する価値観があったり，長時間労働をすることが労働者の非効率な働き方としてマイナスに評価されたりするという事情があれば，割増賃金があっても長時間労働は促進されないだろう。アメリカの割増賃金規制が長時間労働の促進要因となっていないとすれば，そのような事情があるのかもしれない。しかし，日本では，ライフをワークより重視する価値観は少数派であっただろうし，またホワイトカラーの労働生産性の低さ（⇒プロローグ）は，長時間労働をすることが，必ずしも日本企業ではマイナスの評価とはならず，むしろ企業への貢献度の代理指標となってしまっている可能性を示唆している。

　このように，割増賃金制度は長時間労働の促進要因となり，かつ，ペナルティ機能を十分にもたないとすると，長時間労働対策

としては，有害無益である可能性がある。時間外労働に対する代償としては，割増賃金という金銭的な報酬ではなく，端的に休息を与えるという方法もあり，そのほうがむしろ，健康確保という点では，より適切といえよう。

すでに，第7章の最後に触れたような，時間外労働に対する金銭補償から代替休日へという流れも起きつつある。

成果型賃金と相性の悪い割増賃金

割増賃金は，算定基礎賃金に時間外労働をした実労働時間を乗じて算出されるという意味では，時間に比例した賃金といえる。そもそも，労働者の賃金は，時給だけでなく，月給であっても，一定の時間働いたことに対する対価という面がある。労働契約とは，元来，「使用者に使用されて労働し，使用者がこれに対して賃金を支払う」契約であり（労働契約法6条），使用されていること（およびその時間）と賃金との間に牽連関係があるものである。したがって，割増賃金が時間比例であることには違和感はない。

ただ，賃金には，この他のタイプのものもある。たとえば，過去20年くらいの間に広がってきた成果型賃金は，労働者が実際にあげた成果に対して支払われるものであって，労働者が指揮命令下で使用されていること（労働に従事していること）に対して支払われるものではない。このタイプの賃金であれば，本来，どれだけ長い時間働いていても，賃金額とは関係しないはずである。

成果型賃金にするか，伝統的な年功型賃金のような時間（期間）比例型の賃金とするかは，雇用主が自由に選択することができる。労働者の就労へのインセンティブを高めるために，成果型賃金を導入することは，賃金が労働者と雇用主との合意に基づいて締結されているかぎり，法的には何も問題がない（最低賃金規制がか

かるだけである)。

　ところが，成果型賃金を導入しても，現行法の下では，時間外労働となれば，割増賃金を支払うことが義務づけられる。つまり賃金体系として，成果型を貫徹することができず，必ず時間比例で算定される割増賃金がセットでついてくるのである。労基法は強行法規なので，当事者の合意で割増賃金を不要とする契約を締結することは許されない。

　こうしたことから，労基法は，1987年改正で，裁量労働制（当初は専門業務型裁量労働制）を創設して，成果型賃金で処遇される労働者に適した労働時間制度を導入した。具体的には，労働時間のみなし制を認めることによって，実労働時間と賃金との関係を断ち切ることとした。現行法でも，賃金から時間比例の要素を取り除く必要性を認識した制度が導入されていたのである。ただ，それは，裁量労働制が適用される場合だけの例外的措置である。このほかの場合は，たとえ賃金体系が，成果型賃金のように，時間の要素から切り離されていても，管理監督者等に該当しないかぎり，労基法の割増賃金の規制が適用されるのである。

　それだけではない。割増賃金規制があれば，企業は，時間外労働をできるだけさせないように指揮命令をするかもしれない。それは労基法の趣旨からすると望ましいことであるが，労働者にとってみれば，成果をあげて，より多くの賃金を得るための機会を，法律によって奪われていると感じるかもしれない。労働者保護のための法規制が，かえって労働者の邪魔になっている可能性があるのである。

賃金は労使自治が基本！

　割増賃金の報酬的側面をめぐっては，賃金はどのように決定さ

> ### 🌱 補論　不払(サービス)残業は，実は不払いではない？
>
> 　割増賃金を支払わない「不払（サービス）残業」は，もちろん労基法違反である。しかし「不払（サービス）残業」が蔓延しているのは周知の事実であり，いかに日本の労働者はおとなしいとしても，いささか奇妙な感じもする。ひょっとしたら，成果型賃金で就労している労働者は，残業代はもらわなくてもいいから，自由に働いて成果をあげて多くの賃金をもらったほうがよいと考えているのではなかろうか。
>
> 　これを裏付けるように思える調査結果がある。それによると，大企業ホワイトカラーで「不払（サービス）残業」する労働者はしない労働者に比べて総報酬額が高いことが確認されており，「不払（サービス）残業」とされているものの少なくとも一部は，ボーナス等を通じて対価が支払われているとされている（高橋2005）。

れるべきであるかという，より原理的な問題もある。労使自治の観点からは，労働の対価である賃金は，できる限り労使で決めるべきものであり，政府がこれに介入することは望ましくない（大内2014）。この点については，市場への介入の適切さという経済学的な観点からの議論（とくに最低賃金の設定をめぐる議論）もあるが，国家と市民の領域との緊張関係という政治的ないし思想的な意味もある。

　割増賃金は，現行の日本法の下では，労基法の強行法規性から，当事者によって，額を自由に決定することはできない。これは，割増賃金のペナルティ機能を重視しているからだが，法律によって強制的に賃金の上乗せをしているという点で，労使自治に介入しているといえるのである。

欧州において，割増賃金の規制が撤廃されたり，撤廃されていなくても，労働協約によって弾力的な制度設計が可能となっているのは，割増賃金のペナルティ機能を強調すべきではなく，むしろ報酬的側面を考慮して，労使自治に任せたほうがよいという考え方に基づくものである。そして時間外労働の代償のあり方がこの問題の本質である以上，それは必ずしも金銭である必要はなく，休暇の付与にすると労使で決定してもよいことになる。

2　労働者の健康はどうやって確保するのか？

労働時間には「絶対的上限」が必要

日本の労働時間規制において，割増賃金が注目されてきたのは，直接的な規制である上限規制が十分に機能してこなかったことが原因である（⇒第5章）。とくに問題となるのは，時間外労働に関する規制が緩く，法定労働時間が単なる「原則的上限」であるにもかかわらず，罰則が法定労働時間のレベルで科されている点である。

欧州で「絶対的上限」（労働時間指令では，週48時間）を設定し，その水準で罰則を科すことにしている点（⇒第4章）は，日本法においても十分に参考にすべきだろう。

まずは現在の限度基準（1週15時間，2週27時間，4週43時間，1カ月45時間，2カ月81時間，3カ月120時間，1年360時間）を真の最低基準である「絶対的上限」とすることが必要だろう。罰則も法定労働時間を超える水準ではなく，「絶対的上限」を超える水準で科すべきであり，そのほうが実効性も高まる（なお，罰則を，男女雇用機会均等法などの最近の多くの法律で見られる，厚生労働大臣による助言，指導，勧告，企業名の公表といった制裁システムに置き換えることも検討に値するだろう）。

限度基準は，欧州の労働時間指令の水準よりは緩やかであるが，この基準さえも守られていない状況があることからすると，まずはその効力を強めることから始めるのが現実的だろう。もちろん，この趣旨からは，現行の「特別条項付き三六協定」（⇒第2章2）は廃止すべきである。

なお，「絶対的上限」であっても，現行法にもある非常時の場合等の例外（労基法33条）は維持されるべきである。

1日の労働時間上限は，勤務間インターバル規制で

法定労働時間のうち，1週40時間は，時間外労働を起算するための水準としての意味を残すとしても，1日8時間の法定労働時間についてはどうだろうか。ここでも「絶対的上限」が必要であり，そのためには，欧州流の休息規制で対応することが望ましい。

欧州では24時間ごとに連続11時間の休息を入れることが義務づけられている（⇒第4章）。罰則付きの最低基準とすることを考えると，日本でいきなり11時間とするのはやや厳しい感じもする。しかし，11時間を先進国の標準と見るならば，日本でも11時間とすることを検討したほうがよいだろう。

それでも，割増賃金規制を残すか？

法定労働時間を超える時間外労働に対して，ただちに罰則を科すのではなく，厳格な上限規制を定めるという規制を採用した場合，なお割増賃金規制を残すのか，という問題が出てくる。

すでに検討したように，割増賃金は，雇用主へのペナルティ機能が働かないことがあるし，報酬的側面をみると法律で支払いを強制することには問題があった（⇒本章1）。

もっとも，このことは，割増賃金規制が，どのような場合でも

望ましくないことを意味するものではない。労働契約上の義務が，雇用主に指揮命令された時間，労務に従事することにある働き方（時間型），あるいは，一定の期日までに指示された仕事の完成が求められている働き方（ノルマ型）をしている労働者は，労働時間の長さにおいて，労働者の裁量による決定の余地が乏しい（すなわち，労働時間の決定権は雇用主にある）ことからすると，割増賃金の雇用主へのペナルティ機能を期待することができる。

　その意味で，このような労働者に対しては，法律において割増賃金規制をあえて維持することもありえよう。ただし，前述のように報酬としての側面をもつ割増賃金に対する強行的な規制は，労使自治の尊重という観点からは望ましくないので，割増率は過半数代表と雇用主との労使協定が締結されていれば，一定限度まで引き下げることができたり（フランスの法制度を参照），割増賃金の支払方法（定額払いや基本給への組入れなど）について当事者が合意によって決めることができるようにするなどの弾力性をもたせることが必要である。また，代替休暇の制度（労基法37条3項）は，1カ月60時間以上の時間外労働に限らず，すべての時間外労働に対して適用することが検討されるべきだろう。

　このような形で割増賃金規制を残すとしても，それは1週40時間を超える時間外労働に適用すれば十分だろう。1日単位では，連続11時間の休息を義務づければそれで十分で，割増賃金との関係のためだけに，1日8時間という法定労働時間を残す必要はない。なお，労働安全衛生法や労災保険法（労災認定基準）では，時間外労働のカウントにおいて，1日レベルの法定労働時間を超える部分はカウントされていない（労働安全衛生規則52条の2など）。

時間外労働の事由規制も必要

　時間外労働（1週40時間を超える労働）に対する事由規制は，どうだろうか。「絶対的上限」を設けているので，それでよしとする考え方もありうる。ただ，前述のように限度基準を「絶対的上限」とするのであれば，欧州の規制に比べれば，比較的緩やかで，長時間の時間外労働が可能でもあるので，事由規制を導入することが検討されるべきだろう。

　具体的には，時間外労働事由を就業規則の必要記載事項（労基法89条）とすべきである。そして，就業規則に記載する時間外労働事由は限定列挙とし，その内容は，時間外労働を正当とする臨時的，例外的なものとなるようガイドラインが設定されるべきである。比較法的にも，時間外労働を正当化するのは，労基法33条で規定されているような非常時以外では，臨時的な業務量の増加などの場合に限られている。ガイドラインでは，そうした限定的な事例を類型化して定めておくべきである。

　時間外労働をさせる場合の行政官庁への届出は，法定労働時間がもはや最低基準でないことを考慮すると不要と解すべきである。もちろん，現行システムと同様のチェックは，就業規則の届出時点で行うことができるだろう。

　就業規則に記載されている時間外労働事由がガイドラインに合致しない場合には，その事由は無効とされるべきである。したがって，この場合には，雇用主は，その事由に基づく時間外労働を命じることができない。また時間外労働事由が曖昧に規定された場合には，権利濫用（労働契約法3条5項）と判断されやすくなるというリスクを雇用主が負うような解釈をすべきである（たとえば，「業務上の必要性があるとき」というような抽象的な事由による時間外労働命令は，具体性が低いので，労働者の私生活上の不利

益との考量の際，権利濫用と判断されやすくなる）。

三六協定から就業規則へ

　労働時間の上限を法律で定め，時間外労働の事由規制を就業規則に任せるとすると，三六協定の締結・届出という手続は不要となる。

　時間外労働命令の有効性という問題も，就業規則における規定が，ガイドラインに適したものであるかどうかという問題に集約される。厳密に言うと，ガイドラインに適合的であっても，なおその就業規則の規定が合理性をもって労働契約の内容となるかどうかの判断はありうる（労働契約法7条）が，ガイドラインに適合的な就業規則の規定は原則として合理性があると解してよいだろう。

　時間外労働命令を発する根拠が就業規則にあるとしても，なお権利濫用かどうかの判断がありうることは，前述のとおりである（⇒第5章4）。

深夜労働者のためには，割増賃金より，直接規制がよい

　深夜労働について，現行法では，直接的な労働時間規制の対象となっておらず，割増賃金が義務づけられているだけである（労基法37条4項）。しかし，ここまで述べてきたような割増賃金の機能を考えると，むしろ直接的な規制に変えるべきである。

　深夜労働に対する割増賃金は，管理監督者の適用対象者にも適用されることから，重要な法規制のように誤解されがちである。しかし，ほんとうの理由は，深夜労働に対する規制の趣旨が労働時間帯に着目したものであって，時間外労働や休日労働のような労働時間の長さに着目したものではないので，後者の適用除外が

あっても，前者の適用除外までは認められるものではないということにすぎない。

また，判例（**ことぶき事件**〈最重判115〉）も通達も，管理監督者の深夜労働の割増賃金については，通常の賃金の中に含める趣旨が明確であれば別途に支払う必要はないという簡便な方法を肯定している（判例の理解については異論もある）ことにも留意する必要がある。

さらに，深夜労働に対する割増賃金は，時間外労働に対する割増と同様，深夜労働を誘発する危険性があることを考慮すると，むしろこれを撤廃し，欧州の労働時間指令も参考にして，深夜労働に一定時間以上従事する労働者を「深夜労働者」とし，その労働者の1日の労働時間の「絶対的上限」を規定するといった直接的な規制手法の導入が検討されるべきだろう。

なお，このような深夜労働者に着目した法制度は，労働安全衛生法における，自発的健康診断の結果提出制度（66条の2以下）にすでにみられる（⇒第3章3）。

週休の例外は簡単には認めない！

現在の労基法によれば，休日は4週で4日付与すればよいことになっている（35条）。したがって週休の原則は厳密に言うと存在していない。それに加えて，法律上付与すべき休日（法定休日）であっても，時間外労働と同様，三六協定が締結され，労働基準監督署長に届出がなされていると，その日に労働（休日労働）をさせることは適法となる。また，これも時間外労働と同様，休日労働が認められる事由について法律上の制限がない。ここでも過半数代表のチェックに全面的にゆだねられている。

割増賃金は時間外労働よりも高く35パーセント以上に設定され

ているが，これが休日労働の抑制に十分に機能しているとは思えない。

　休日に関しては，週休制を義務化し，変形休日制を認めるとしても，欧州の労働時間指令で認めている14日単位を限度とすべきだろう。また休日労働についても，時間外労働と同様，それが認められる事由をガイドラインで示し，その範囲内で就業規則において休日労働事由を明示させることとすべきだろう。ガイドラインで示される休日労働が認められる事由は，時間外労働よりもいっそう限定的なものとすべきである。また，就業規則に根拠がある場合でも，休日労働命令が権利濫用で無効となる可能性は残り（労働契約法3条5項），その判断は時間外労働命令よりも，雇用主に厳しいものにすべきである。

年休は，雇用主主導で与えよ！

　年休については，その目的において，個人の生活上のニーズにこたえるための取得をどう評価するかが問題となる。これにできるだけこたえるべきとするならば，現在のように，労働者に時季指定権を付与したほうがよい。しかし，年休を，その本来の趣旨である労働者の健康確保のための手段として活用するためには，年単位での休息（保養）という本来の趣旨にしたがった取得ができるように法制度も整備すべきだろう。そのためには，まず年休の取得方法として，労働者に時季指定権を与えることを改める必要がある。

　これまでの年休は，労働者の権利であるとしても，労働者が時季指定権を行使するという条件付きだった。雇用主からみると，条件付きの年休付与義務だった。これを条件付きではない雇用主の義務とするように改めるべきなのである。これによって年休を

めぐる多くの問題は，法解釈上の問題（とりわけ時季変更権の有効性に関係する）も含めてなくなることになろう。

もっとも，ヴァカンスの習慣がなく，継続取得が原則となっていない日本法の下で，雇用主に年休日の決定権を認めることは，労働者にとってたいへんリスキーでもある。このような事情を考えると，日本では当面は，現在の過半数代表の関与する計画年休制度（労基法39条6項）を活用して，雇用主に，年休をどのような方法で取得させるかについて労使協定を結ぶことを義務づけることから始めるべきであろう。そして，過半数代表が同意せず，労使協定が成立しない場合には，雇用主が一定の年休取得可能期間（現行法に則して言うと，時季変更権を行使しない期間）を設定し，労働者はその期間の中から年休取得日を指定することとし，もし労働者が指定しなければ，雇用主が指定するというようなルールを導入することが検討されるべきである。いずれにせよ，年休は翌年度への繰越しをせず年度内での完全消化をせず原則とすべきである。

さらに，年休の本来の趣旨を活かすためには，基礎日数の10日は連続取得を義務づけるといった思い切った規制も導入してよいだろう。

同様の観点から，年休の発生要件において，全労働日の8割以上の出勤を取り除くことも検討されるべきだろう。

3 日本版ホワイトカラー・エグゼンプションはこうだ！

以上のような新しい労働時間制度の構想において，残された課題は，その適用範囲をどうするかである。新しい労働時間制度で保障されるのは，労働時間の「絶対的上限」（限度基準），深夜労働者の「絶対的上限」（1日単位），連続11時間の休息（勤務間イ

ンターバル），週休（あるいは2週2休日），年休である。割増賃金制度は標準的な制度ではあるが，弾力的な規制が可能となる。割増賃金の重要性が現行法より大幅に低下することは，適用除外のインパクトを弱めることになろう。

労働時間を規制するにふさわしい労働者は誰か？

　本書でここまで検討してきた労働時間規制の正当化根拠に立ち返ると，労働時間の決定は本来は労働者と雇用主の間で契約により自由に決めてもよいはずである（自己決定の尊重）が，労働者が長時間労働により健康を害したり，ワーク・ライフ・バランスを犠牲にしたりすると，本人や家族，さらには周囲の労働者に大きな不利益を及ぼすという「負の外部性」があるため，そのかぎりでは規制が正当化される。逆に，このような「負の外部性」を考慮しなくてもよい労働者の労働時間は，とくに規制をする必要はないし，規制すべきでもないといえそうである。

　労働契約では，労働者は雇用主の指揮命令下で働く。ただ，その指揮命令にはさまざまな内容があり，一定の時間，労務に従事することを求めるという「時間型」のもの，一定の業務内容を指示して，それを遂行することを求めるという「業務型」のものがある。「時間型」は，業務ではなく，雇用主の指揮命令した時間，労務に従事する働き方であり，雇用主が労働時間を決定しているといえるから，前述のように，労働時間規制の必要性が出てくる。また，後者の「業務型」の典型例は，一定の期日までに指示された仕事の完成を命じられている場合であり（ノルマ型），この場合も間接的には，雇用主が労働時間を決定しているといえるので，やはり労働時間規制の必要性があることも前述のとおりである。

　これに対して，同じ「業務型」であっても，業務の量や質を高

めることが、義務ではなく、ただ労働者の処遇に反映する働き方もある。その典型が、成果型賃金での就労である。これはノルマ型と区別して「インセンティブ型」と呼ぶことができる。「インセンティブ型」では、どの程度の時間働くかについての拘束性は弱く、むしろ賃金制度のもつインセンティブが、労働者を働く方向に向けていくことになる。こうした労働者の場合は、雇用主の指揮命令の程度は希薄であり、労働者がどの程度の時間働くかについての決定の自由を広くもっているので、労働時間の規制をする必要はなく、むしろ労働者の自己決定が尊重されるべきことになろう。

ただし、「インセンティブ型」で働く労働者であっても、前述のような「負の外部性」がある場合には、やはり規制をする必要がでてくる。したがって、労働時間規制を及ぼさなくていいといえるのは、その労働者の仕事の独立性が高く、「負の外部性」の心配がないか、無視できるくらいに小さい場合である。

たとえば専門性の高い業務に従事し、自らのやるべき業務の範囲が特定されており、他の労働者と仕事の遂行上かかわり合うことが少ない労働者、あるいは、企業の幹部的な立場にあり（一般従業員の直属の上司ではない）、自らの業務の遂行が、一般従業員から独立して行われているような労働者がこれに当たろう。

現行の裁量労働制や管理監督者制では、なぜダメか？

もっとも、こうした労働者は、現在の法律においても、裁量労働制の適用対象者や管理監督者となる可能性が高いので、とくに新たな制度を導入する必要はないという意見もあった。これがホワイトカラー・エグゼンプションなどの新たな適用除外制度を批判する有力な根拠だった。

しかし，すでに述べたように（⇒第2章，第5章，第7章），現在の裁量労働制や管理監督者制は，うまく機能していると評価することはできない。専門業務型裁量労働制は，その範囲が限定されているし，特別な専門業務性のないホワイトカラーに適用可能な企画業務型裁量労働制は，導入手続がきわめて厳格である。そのため，裁量労働制は，適用除外に適した労働者を，その対象に含めることができていない可能性がある。一方，管理監督者については，その定義が不明確であることから，逆に範囲が広すぎる運用がなされている（裁判では是正されているが）。こうしたことから，裁量労働制も管理監督者制も，現在の制度の問題点を解決するために発展的に解消し，新たな統一的な適用除外制度に統合するほうが，制度の明確性という点からも望ましい。

各企業において，どのような業務に従事し，どのようなポストについている労働者が，労働時間規制の適用除外にふさわしいかは異なるだろう。望ましいのは，どのような労働者が規制の適用除外にふさわしいかの基準をガイドラインとして設けたうえで，各企業で労使協定によって，適用除外の範囲を決めていくことである。

そこでは，現在の専門業務型裁量労働制のように法令で一定の専門業務を限定的に列挙するのではなく，どのような業務が適用除外にふさわしいかの一般的な基準を明示し，その具体化を個々の企業の労使にゆだねるという方法が採られるべきである。その一般的な基準は，前記のような「インセンティブ型」で働く労働者で，その業務の遂行において独立性が高く，その働き方が他の労働者に不利益となりにくいもの（「負の外部性」が発生しにくい場合），を念頭に置いて策定される必要がある。

こうしたガイドライン方式を導入することによって，裁量労働

制が限定されすぎている，管理監督者の範囲が不明確すぎる，という問題は解決され，企業内の労使双方のニーズにあった適用除外の範囲の決定が可能となるだろう。

もちろん最終的には，制度の導入のためには，労働者の同意が必要であることは，いうまでもない。労働時間規制の適用除外は，賃金と労働時間という最も重要な労働条件に関する取決めであり，労働契約の中核的要素だからである。

補論　年収要件は必要か？

ホワイトカラー・エグゼンプションをめぐる議論において，その適用対象者の範囲について，年収要件を課すことを前提に，どの程度の水準にするかをめぐる議論がなされている。ただ，理論的には，この水準を決定することは不可能であるし，そもそも年収要件がなぜ必要なのかも，十分に明らかにされていないと思われる。

まず，年収が高い労働者は，保護の必要性が低いので労働時間規制の適用除外にしてよいという理由が考えられる。ある下級審判決で，月給約180万円の高い収入を得ている労働者について，割増賃金を基本給に組み入れる合意を，これまでの判例で求められていた要件を充足していないのに，有効と認めたことがあった（モルガン・スタンレー・ジャパン事件・東京地判平成17年10月19日労判905号5頁）。この判決は，学説から批判されたが，その批判は，判例に抵触するという理由によるものであって，判決の結論自体には共感を示す意見も少なからずあった。

しかし，年収が高いというだけで保護の必要性が低いという議論をやりはじめると，労働時間以外にも，たとえば労災などについても，同様の議論が出てくる可能性がある。少なくとも労働法学において，年収の高い者は，労働法が強行的に保障する内容を

否定してよいという主張は、ほとんど聞かれることはない（なお、年収要件が定められている例として、労働契約の期間の上限の特例に関する「労働基準法第十四条第一項第一号の規定に基づき厚生労働大臣が定める基準」5項を参照）。

ただ、年収が高いことが、一定の交渉力があること（交渉力の対等性）の徴表であるとみるならば、労働法の規制を外すことの正当化理由になりえよう。

問題は、交渉力の対等性を判定する基準として年収が適切かである。アメリカ法では、ホワイトカラー・エグゼンプションに年収要件が課されているが、その趣旨は必ずしも明確ではない（週455ドルという水準は決して高くない）。私は、交渉力の対等性を示す年収水準を決定することは不可能であること、年収は成果型賃金となると変動的となるため、適用除外の範囲という重要な事柄を決定するための基準として不安定すぎることなどから、年収要件には賛成しがたい。

交渉力の対等性は、これとは別に、雇用主からの情報提供や説明がきちんとなされるという、労働者の自己決定の基盤が整備されているかどうかの観点からチェックをすべきだろう（大内2013（a））。

健康確保も自己決定でよいか？

労働時間規制の適用除外となることの一番大きな効果は、労働時間の「絶対的上限」（深夜労働の場合の「絶対的上限」も含む）が適用されなくなることである。本人の自己決定を尊重してよく、「負の外部性」を考慮しなくてよい労働者である以上、健康確保のための特段の規制は必要ないともいえる。もっとも、こうした労働者の健康が損なわれる危険性を放置することは、労働者の生産性の低下がもたらす日本経済の将来への悪影響を考えると望ま

しいことではなく，そこに規制の正当化根拠は見出しうる。

とはいえ，本人の自己決定を尊重してよいタイプの労働者は，健康確保のための規制は，「働くこと」を制限するという従来の規制手法ではなく，できるだけ自己決定にゆだねるために「休むこと」への権利の付与という規制手法で臨むべきだろう（⇒第1章）。

具体的には，連続11時間の休息（勤務間インターバル）や週休（あるいは2週2休日）は雇用主の義務ではなく，現在の年休制度のような条件付き権利とすればよい。また，新しい労働時間制度での年休は，雇用主の義務性が強まるが，適用除外対象者は，これまでどおりの条件付き権利でよいだろう。

なお，産業競争力会議で出されたAタイプの案（⇒第7章2）では，労働時間の年間の上限を設定されていた。労働者の健康保護という点からの規制だろうが，本書の立場からは，そのような方法での保護規制は必要なく，上記のような休息の権利を保障することで十分と考える。

労働安全衛生法上の健康確保規定は，もともと労働者の意思を尊重した内容となっているので，適用除外とする必要はなかろう。

労使自治を活かすようにすべき！

最後に残された問題は，労使自治について，どう考えるかである。

本書で提案したガイドライン方式（時間外労働事由，適用除外者の範囲）は，政府と企業内の労使が共同でルール形成していこうとするものである。労働時間の管理を完全に労使に任せることは，日本のような企業別労使関係が中心の国では，労働者側の交渉力の点に不安があるため適切でないであろう。したがって，政府が

ガイドラインを設定して，労使交渉を誘導していくことが必要となる。

ただ，そのような政府のサポートがあっても労働者側の主体が，過半数組合ではなく，過半数代表者である場合には問題があるという意見も強い。現在の三六協定がうまく機能しなかったのは，過半数代表者の力が足りなかったからであるという理解も一般的だろう。

ただ本書でも述べたように，過半数代表者は一般労働者の真意に反して，雇用主のいいなりになっていたと評価してよいのかについては，疑問もある（⇒第5章）。過半数代表者に問題があることは，私も否定しないが，むしろ，この制度をうまく活用できるような方法を考えていくほうが望ましいと思われる。

いずれにせよ，雇用社会は大きく変わっていくなか，国家の法律に，労働法のルール形成をすべて担わせることは現実的でない。その意味で，企業内における労使による分権的で自治的な規制が，重視されて行かざるをえないと思われる。労働時間規制も，このような観点から，何を法律で定め，何を労使に任せるかという検討をしていくべきである。本書で提案したのは，その1つの選択肢である。

4　正しいホワイトカラー・エグゼンプション論

ホワイトカラー・エグゼンプションは理論的な帰結

三六協定と割増賃金を軸とする日本の労働時間制度は失敗に終わった。そのことを率直に認めるところから労働時間制度の改革論議を始めるべきである。三六協定を捨て，割増賃金の強行性を弱めることによって，日本の労働時間制度は，新たな道を歩んでいくことができるようになる。そこでは，なぜ労働時間を規制す

る必要があるのか、規制をする必要があるとしたら、そのための適切な手法は何か、ということについて、再検討をする必要があった。

この検討を進めていくと、おのずから誰に対する規制が必要で、誰に対しては不要かが明らかになってくる。ホワイトカラー・エグゼンプションは、こうした検討の結果として導き出されるものなのである。

その意味で、ホワイトカラー・エグゼンプションは、労働時間に関する規制緩和論ではない。規制を再構築するための理論的考察から、いわば論理必然的に出てくる帰結にすぎない。それが、そのときの政権の進める政策と一致するかどうかは、偶然にすぎない。

ホワイトカラー・エグゼンプションを生かすも殺すも経営者の腕次第

とはいえ、ホワイトカラー・エグゼンプション論は、理論的な議論というだけでなく、実践的な意義もある。IT（情報技術）やAI（人工知能）の急速な発達は、日本の雇用社会において、人間だからこそ行うことができる知的労働の重要性をますます高めるだろう。人間の知能に刺激を与えるのは、雇用主の指揮命令ではない。自ら何かを創造したいという労働者の内面からの欲求である。こうした労働者の欲求に基づく働き方に適した賃金体系は、成果に対するインセンティブを重視したものだろう。

現在の割増賃金規制があるかぎり、時間と賃金を完全に切り離すことができない。ホワイトカラー・エグゼンプション論の狙いは、まずはそこにメスを入れることであり、実は、それに尽きる。健康確保のための規制強化の必要性は、ホワイトカラー・エグゼ

ンプション論とは関係なく，もともとすべての労働者に対して，講じられるべきものだった。ホワイトカラー・エグゼンプションの導入とバーターにされるべきものではない。

　ホワイトカラー・エグゼンプションは，いうまでもなく，経営者の負担する人件費を削減することを目的とするものでもない。本書の提案に則したものであるかぎり，ホワイトカラー・エグゼンプションを人件費の削減だけを目的として利用することはできないはずである。ホワイトカラー・エグゼンプションは，それに本来ふさわしい労働者を，労働時間に関する法的な制約から解放するだけである。そのなかでどのようにして，その労働者を活用していくかは，経営者の創意工夫にかかっている。経営者にとっての，ほんとうの勝負は，そこから始まるのである。

その先にあるのは？

　労働法でいう「労働者」とは，雇用主に指揮命令される者であり，労働時間は，雇用主の指揮命令下にある時間である。しかし，ITの発展は，労働というものの時間的・場所的制約から労働者を解き放つことになろう。すでに現行法の下でも，裁量労働制がそうした労働の受け皿だった。フレックスタイム制も，時間的拘束性から解き放たれた労働，事業場外労働のみなし労働時間制は，場所的拘束性から解き放たれた労働の受け皿となっている。ただ，こうした制度の下で働く者は，指揮命令関係は希薄とはいえ，まだ「労働者」と分類される。しかし今後は，働き方が物理的な面でもいっそう多様化し，指揮命令下にある「労働者」かどうか判然としない人が増えていくだろう。

　その多くは雇用関係にないと評価されるのかもしれない。それでは，そうした人には，働くことに関する規制は不要となるのだ

ろうか。労基法のような強い規制でなくても，任意法規のように当事者の合意による逸脱（デロゲーション）が可能な弱い規制であれば，新しい働き方にも有用かもしれない。

　労働法の伝統的な規制範囲，規制事項，規制手法が大きく変貌を遂げる時代は，もうそこまで来ているのである。

　本書で，一定の労働者への労働時間規制を適用除外として，割増賃金規制の適用から外し，その他の労働者にも，割増賃金を弾力的な規制に組み替える提案をしているのは，現在の法制度を前提とすると，規制の後退のようにみえるだろう。しかし，将来の雇用社会で求められる規制は，指揮命令というものではとらえ切れない人たちが，いまよりもっと多様に働くのに適した柔構造である必要がある。

　最後に，本書の提案するホワイトカラー・エグゼンプションを導入したとしても，現時点では，それほど多くの労働者が適用除外の対象者となるわけではない。実は，そのこと自体が日本のホワイトカラーの働き方にとって問題といえる。世間では，ホワイトカラー・エグゼンプションの適用対象者が，なし崩し的に増えるのではないかということを懸念する声も多いが，日本社会の真の問題は，ホワイトカラー・エグゼンプションに適した労働者が少ないことにある。創造性が高く，高い付加価値を生み出すようなホワイトカラーが出てこなければ日本経済の将来は暗い。ホワイトカラー・エグゼンプションは，そうした労働者の働き方に適した法制度を整備するという意味をもつものであることを忘れてはならない。

エピローグ―残業代とは？―

- **ある会社の少数組合の書記長と労働委員会の委員**
  「うちの会社は，多数組合ばかり優遇して，俺たちを差別しているんですよ」
  「それは，いけませんね。どんな差別を受けているのですか」
  「多数組合の組合員にだけ残業をさせているのです」
  「残業がないのなら，優遇されていることになるのでは」
  「バカなことを言わないでください。残業代がもらえないんですよ」
  「法律は，残業をさせないようにするために，残業代を払わせているのですが」
  「残業代なしで，どうやって生活していくんですか。委員さんって，常識がないんですね」
  「………」

- **ある大学の教員と人事課長**
  「どうして，うちの大学の教員には裁量労働制が導入されていないのですか」
  「先生たちには，研究以外の仕事もやっていただくことが多いので」
  「他大学の教員は，みんな裁量労働制ですよ。私たちだって，専門職なんですから，裁量労働と認めてくれなければ困ります」
  「でも裁量労働制になると，残業代は出なくなりますが」
  「………」

- サラリーマンどうし

「政府が，残業代をなしにしようとしているみたいだぜ」
「そのようだな」
「俺なんて，残業代なくなったら生活できねえよ」
「でも，対象は年収1000万とかもらっている人だそうだから，俺たちには関係ないだろ」
「最初は関係なくても，あとから適用範囲が広がってくるんだよ。派遣のときもそうだったってテレビで言ってたぞ」
「そうだとしても，限度があるだろ。お前の年収はどれくらいなんだ」
「300万だ」
「………」

参 考 文 献

太字部分は本文中の略記を表しています。

● **あ行** ●

荒木尚志『労働時間の法的構造』(1991年, 有斐閣)
荒木尚志「裁量労働制の展開とホワイトカラーの法規制」社會科学研究50巻3号 (1999年) 3-34頁
荒木尚志「労働時間」日本労働研究雑誌597号 (**2010**年) 38-41頁
有泉亨『労働基準法』(1963年, 有斐閣)

石田光男・寺井基博編『労働時間の決定―時間管理の実態分析』(2012年, ミネルヴァ書房)
岩出誠「みなし割増賃金をめぐる判例法理の動向とその課題」荒木尚志・岩村正彦・山川隆一編『労働法学の展望―菅野和夫先生古稀記念論集』(2013年, 有斐閣) 337-354頁

江口匡太「工場法史の現代的意義」日本労働研究雑誌562号 (2007年) 110-113頁

大内伸哉『雇用社会の25の疑問―労働法再入門―』(**2007**年 (初版), 2010年 (第2版), 弘文堂)
大内伸哉『キーワードからみた労働法』(**2009**年, 日本法令)
大内伸哉『君は雇用社会を生き延びられるか―職場のうつ・過労・パワハラ問題に労働法が答える』(2011年, 明石書店)

大内伸哉「労働契約における対等性の条件——私的自治と労働者保護」根本到・奥田香子・緒方桂子・米津孝司編『労働法と現代法の理論—西谷敏先生古稀記念論集 (上)』(2013年 (a), 日本評論社) 415-432頁

大内伸哉『解雇改革—日本型雇用の未来を考える』(2013年 (b), 中央経済社)

大内伸哉『雇用改革の真実』(2014年, 日本経済新聞出版社)

大内伸哉・川口大司『法と経済で読みとく雇用の世界—これからの雇用対策を考える (新版)』(2014年, 有斐閣)

小倉一哉『日本人の年休取得行動—年次有給休暇に関する経済分析』(2003年, 日本労働研究機構)

小倉一哉『エンドレス・ワーカーズ—働きすぎ日本人の実像』(2007年, 日本経済新聞出版社)

小倉一哉「ワークシェアリングは雇用促進に有効だったか」日本労働研究雑誌573号 (2008年) 84-87頁

小畑史子・佐々木勝「第4章 労働時間」荒木尚志・大内伸哉・大竹文雄・神林龍編『雇用社会の法と経済』(2008年, 有斐閣) 79-109頁

※ か行 ※

梶川敦子「アメリカ公正労働基準法におけるホワイトカラー・イグゼンプション—規則改正の動向を中心に」日本労働研究雑誌519号 (2003年) 28-33頁

梶川敦子「ホワイトカラー労働と労働時間規制の適用除外—アメリカのホワイトカラー・イグゼンプションの検討を中心に」日本労働法学会誌106号 (2005年) 114-125頁

梶川敦子「日本の労働時間規制の課題—長時間労働をめぐる法学的分析」日本労働研究雑誌575号 (2008年) 17-26頁

梶川敦子「割増賃金請求訴訟における時間外労働時間数の立証と使用者の記録保存義務―アメリカ法の検討を中心に―」神戸学院法学38巻3・4号（2009年）355-385頁

梶川敦子「割増賃金」土田道夫・山川隆一編『労働法の争点』（2014年，有斐閣）108-109頁

小嶌典明「第4章　労働市場改革と労働法制」鶴光太郎・樋口美雄・水町勇一郎編『労働市場制度改革』（2009年，日本評論社）85-118頁

小宮文人・濱口桂一郎訳『EU労働法全書』（2005年，旬報社）

さ行

佐々木勝「割増率の上昇は残業時間を減らすか？」日本労働研究雑誌573号（2008年）12-15頁

島田陽一「ホワイトカラーの労働時間制度のあり方」日本労働研究雑誌519号（2003年）4-15頁

島田陽一「ホワイトカラー労働者と労基法41条2号」季刊労働法214号（2006年）30-38頁

島田陽一・和田肇・小倉一哉・鶴光太郎・長谷川裕子・荻野勝彦「座談会　労働時間規制の現状と課題」季刊労働法227号（2009年）58-94頁

菅野和夫『労働法（第10版）』（2012年，弘文堂）

た行

高橋陽子「ホワイトカラー『サービス残業』の経済学的背景」日本労働研究雑誌536号（2005年）56-68頁

鶴光太郎・樋口美雄・水町勇一郎編『労働時間改革――日本の働き方をいかに変えるか』(2010年, 日本評論社)

寺本廣作『労働基準法解説 (復刊)』(**1998年** [初版は1948年, 時事通信社], 信山社)

藤内和公『ドイツの雇用調整』(**2013年**, 法律文化社)
東京大学労働法研究会『注釈労働時間法』(1990年, 有斐閣)

❦ な行 ❦

中窪裕也『アメリカ労働法 (第2版)』(2010年, 弘文堂)

西谷敏『規制が支える自己決定――労働法的規制システムの再構築』(**2004年**, 法律文化社)
西谷敏・五十嵐仁・和田肇・田端博邦・野田進・萬井隆令・脇田滋・深谷信夫『日本の雇用が危ない――安倍政権「労働規制緩和」批判』(2014年, 旬報社)
日本労働法学会編『講座21世紀の労働法第5巻 賃金と労働時間』(2000年, 有斐閣)

野田進・和田肇『休み方の知恵――休暇が変わる』(1991年, 有斐閣)
野田進『「休暇」労働法の研究――雇用変動のなかの休暇・休業・休職』(1999年, 日本評論社)
野田進「労働時間規制立法の誕生」日本労働法学会誌95号 (2000年) 81頁以下

❊ は行 ❊

濱口桂一郎「労働時間法政策の中の裁量労働制」季刊労働法203号（2003年）40-59頁

濱口桂一郎『新しい労働社会―雇用システムの再構築へ』（2009年，岩波書店）

浜村彰「第9章 労働時間規制の目的と手段」前掲『講座21世紀の労働法第5巻 賃金と労働時間』（2000年，有斐閣）

❊ ま行 ❊

水町勇一郎「労働時間政策と労働時間法制」日本労働法学会誌106号（2005年）140-153頁

守島基博・大内伸哉『人事と法の対話―新たな融合を目指して』（2013年，有斐閣）

❊ や行 ❊

山川隆一「労働法の実現手法に関する覚書」前掲『労働法と現代法の理論―西谷敏先生古稀記念論集（上）』（2013年，日本評論社）75-103頁

山口浩一郎・渡辺章・菅野和夫編『変容する労働時間制度―主要五カ国の比較研究』（1988年，日本労働協会）

山田卓生『私事と自己決定』（1987年，日本評論社）

山本勲・黒田祥子『労働時間の経済分析―超高齢社会の働き方を展望する』（2014年，日本経済新聞出版社）

ら行

労働政策研究・研修機構『諸外国のホワイトカラー労働者に係る労働時間法制に関する調査研究（労働政策研究報告書No.36）』（2005年，労働政策研究・研修機構）

労働政策研究・研修機構『労働時間規制に係る諸外国の制度についての調査（資料シリーズNo.104）』（**2012年**，労働政策研究・研修機構）

わ行

和田肇『ドイツの労働時間と法―労働法の規制と弾力化』（1998年，日本評論社）

和田肇「アベノミクスの労働時間政策を検証する」季刊労働法245号（**2014年**）32-46頁

渡辺章「工場法と国際労働条約と労働基準法―時間外労働に対する法的規制の推移を中心に―」日本労働研究雑誌482号（2000年）2-11頁

渡辺章「工場法史が今に問うもの」日本労働研究雑誌562号（**2007年**）101-110頁

欧文

Kachi Y, Otsuka T, Kawada T, Precarious employment and the risk of serious psychological distress: a population-based cohort study in Japan, Scandinavian Journal of Work Environ & Health **2014**;40（5）:465-472

事 項 索 引

● あ行 ●

新しい自律的な労働時間制度……… 2, 167
アメリカ法………… 42, 89, 142, 157, 190
安全配慮義務……………………… 20, 78
EU指令（⇒労働時間指令）
イギリス法………………………… 94, 158
医師の面接指導（⇒面接指導）
イタリア法………………………… 105, 160
エンフォースメント（法律の―）
　………………………………… 24, 31, 39

● か行 ●

ガイドライン……… 197, 198, 200, 204, 207
過半数組合………………………………… 37
過半数代表… 37, 45, 50, 66, 116, 117, 119, 123, 142, 154, 199
過半数代表者……………… 37, 118, 180, 208
過労死………………………………… 19, 72
過労死ライン……………………… 73, 78, 82
幹部管理職………………………………… 93
管理監督者… 57, 66, 110, 139, 144, 165, 178, 180, 198, 203
企画業務型裁量労働制
　………………………… 12, 16, 52, 110, 164
規制改革会議…………………………… 172
休憩………………………………… 41, 63
休日……………………………… 64, 141, 199
休日の振替……………………………… 141
休日労働…………………… 36, 65, 66, 199

休日割増賃金…………………………… 179
強行法規……………………… 132, 192, 193
業務上の疾病……………………… 70, 78, 79
勤務間インターバル………………… 69, 195
計画年休…………………… 11, 154, 201
健康配慮義務…………………………… 19, 20
原則的上限……… 112, 115, 116, 143, 194
限度基準…… 12, 38, 79, 81, 114, 143, 194
限度時間…………… 38, 46, 81, 114
硬式労働時間規制………………… 36, 121
工場法…………………… 3, 9, 14, 36, 121

● さ行 ●

サービス残業（⇒不払残業）
裁量労働制…… 11, 51, 139, 165, 167, 178, 180, 192, 203, 210
三六（さぶろく）協定…… 16, 36, 37, 42, 43, 65, 79, 116, 117, 119, 121, 122, 125, 142, 198, 208
残業……………………………… 41, 123
産業競争力会議………………………… 173
残業代…………………………………… 1, 4
時間外労働…… 36, 38, 41, 50, 66, 79, 81, 85, 116, 119, 121, 197
時季指定権………… 147, 151, 154, 161, 200
時季変更権………… 151, 154, 161, 201
事業場外労働のみなし労働時間制
　……………………………… 11, 50, 210
自己管理型労働制……………………… 168
自己決定……………………… 25, 202, 203

仕事と生活の調和（ワーク・ライフ・バランス）憲章（⇒ワーク・ライフ・バランス憲章）
市場の失敗 27
時短 14, 22, 164
週休制 141, 146, 200
週休2日制 146
就業規則 41, 49, 123, 129, 197, 198, 200
所定労働時間 41, 50, 123, 135
深夜業（⇒深夜労働）
深夜労働 46, 82, 198
深夜割増賃金 46, 179
スタッフ管理職 59
ストレスチェック 82
成果型賃金 191, 203
清算期間（フレックスタイム制の一） 49
正社員 1, 15, 84, 148
精神障害 70, 73
絶対的上限 40, 109, 112, 114, 116, 194, 199
専門業務型裁量労働制 12, 51, 110
総合規制改革会議 165
損害賠償 19, 78

● た行 ●

代替休暇 12, 45, 196
適用除外 93, 110, 140, 165, 167, 179, 180, 203, 211
ドイツ法 96, 158
特別条項付き三六協定 39, 46, 81, 114, 143

● な行 ●

軟式労働時間規制 34, 36, 91
二次健康診断等給付 20, 71, 79

「日本再興戦略」改訂2014（日本再興戦略） 2, 176, 180
任意法規 96
妊産婦 17, 21, 40
年次有給休暇（年休） 11, 32, 146, 200
年次有給休暇（年休）の時間単位取得 12
年少者 14, 17, 21, 40
脳・心臓疾患 15, 19, 20, 70, 72, 73, 79, 85

● は行 ●

パートタイム 84
パートタイム労働者 11, 22, 68, 89, 109, 150
パターナリズム 26, 30
非常事由による時間外労働 36, 43
非正社員 84, 148
付加金 43
負の外部性 27
不払残業 3, 4, 82, 89, 189
フランス法 101, 159
フルタイム 84
フルタイム労働者 68
フレックスタイム制 11, 49, 178, 180, 210
ペナルティ機能（⇒割増賃金のペナルティ機能）
変形休日制 65, 141, 200
変形労働時間制 11, 48
法定休日 65, 66
法定労働時間 4, 34, 41, 66, 115, 123, 142, 194
ホワイトカラー・エグゼンプション 1, 16, 90, 110, 140, 164, 167, 177, 178, 209, 211

ホワイトカラーの労働時間............... 172

● ま行 ●

面接指導...................... 20, 75, 80, 82, 85
メンタルヘルス.................................. 82
免罰的効力................................ 37, 123

● ら行 ●

労災（⇒労働災害）
労災保険.............................. 20, 27, 70
労使委員会................................ 52, 139
労使協定...... 10, 12, 37, 45, 49, 50, 51, 64, 139, 154, 204
労使自治............... 66, 180, 193, 196, 207
労働基準監督署長
.... 36, 39, 43, 65, 116, 123, 139, 142
労働災害...................... 70, 78, 79, 85
労働時間概念（⇒労働時間の定義）
労働時間管理責任....................... 19, 138

労働時間指令（EUの一）......... 89, 92, 158
労働時間短縮（⇒時短）
労働時間貯蓄制度（⇒労働時間積立口座制度）
労働時間積立口座制度............... 100, 173
労働時間の定義........................ 136, 189
労働生産性................................... 190

● わ行 ●

ワーカホリック...................... 26, 28, 29
ワーク・ライフ・バランス
.... 17, 21, 31, 49, 171, 202
ワーク・ライフ・バランス憲章... 17, 171
ワークシェアリング........................... 22
割増賃金...... 4, 10, 32, 42, 50, 57, 65, 108, 117, 119, 129, 135, 188, 195, 209
割増賃金のペナルティ機能...... 4, 43, 129, 133, 135, 143, 190, 193, 195
割増率................................ 44, 65, 142

判 例 索 引

判決・判例集等の凡例（略記は**太字**部分）
最高**裁**判所（**第１〜３小法廷**）**判**決（**決定**）　　最高裁判所**民事**判例**集**
高等**裁**判所**判**決（**決定**）　　最高裁判所裁判**集民**事
地方**裁**判所**判**決（**決定**）　　労働関係**民**事裁判例**集**
　　　　　　　　　　　　　　　　　　　判例**時報**
　　　　　　　　　　　　　　　　　　　労働経済判例**速報**
　　　　　　　　　　　　　　　　　　　労働判例

❖ 最高裁 ❖

最２小判昭62・７・10（民集41巻５号1229頁）電電公社弘前電報電話局事件〈最重判119〉 ……… 152

最１小判平３・11・28（民集45巻８号1270頁）日立製作所武蔵工場事件〈最重判112〉 ……… 124, 128

最３小判平４・６・23（民集46巻４号306頁）時事通信社事件〈最重判121〉 ……… 154

最２小判平５・６・25（民集47巻６号4585頁）沼津交通事件〈最重判123〉 ……… 155

最１小判平12・３・９（民集54巻３号801頁）三菱重工長崎造船所事件〈最重判107〉 ……… 136

最２小判平12・３・24（民集54巻３号1155頁）電通事件〈最重判131〉 ……… 19, 78

最１小判平14・２・28（民集56巻２号361頁）大星ビル管理事件〈最重判108〉 ……… 136

最２小判平21・12・18（労判1000号５頁）ことぶき事件〈最重判115〉 ……… 62, 199

最１小判平24・３・８（労判1060号５頁）テックジャパン事件〈最重判113〉 ……… 132

最２小判平26・１・24（労判1088号５頁）阪急トラベルサポート〔第２〕事件〈最重判110〉 ……… 51

❖ 高裁 ❖

東京高判平９・11・17（労判729号44頁）トーコロ事件〈最重判111〉 ……… 119

東京高判平17・３・30（労判905号72頁）神代学園ミューズ音楽院事件 ……… 60

東京高判平21・12・25（労判998号５頁）東和システム事件 ……… 61

東京高判平23・12・20（労判1044号84頁）H会計事務所事件·················· 61
大阪高判平24・7・27（労判1062号63頁）エーディーディー事件············ 62

◈ 地裁 ◈

東京地判平18・5・26（労判918号5頁）岡部製作所事件·················· 60
東京地判平18・8・7（労判924号50頁）アクト事件····················· 60
東京地判平19・3・22（労判938号85頁）センチュリー・オート事件······ 62
岡山地判平19・3・27（労判941号23頁）セントラル・パーク事件········ 60
福岡地判平19・4・26（労判948号41頁）姪浜タクシー事件················ 62
大阪地判平19・10・25（労判953号27頁）トップ事件····················· 60
大阪地判平20・1・11（労判957号5頁）丸栄西野事件·················· 60
東京地判平20・1・25（労判961号56頁）日本構造技術事件·············· 63
東京地判平20・1・28（労判953号10頁）日本マクドナルド事件〔最重判116〕
·································· 58, 60
神戸地姫路支判平20・2・8（労判958号12頁）播州信用金庫事件······ 60
大阪地判平20・2・8（労判959号168頁）日本ファースト証券事件······ 63
神戸地尼崎支判平20・3・27（労判968号94頁）エイテイズ事件········ 60
東京地判平20・4・22（労判963号88頁）バズ事件······················ 60
東京地判平20・9・30（労判977号74頁）ゲートウェイ21事件··········· 60
大阪地判平20・11・14（労経速2036号14頁）アイマージ事件············ 60

東京地判平21・2・9（労経速2036号24頁）プレゼンス事件··············· 60
大阪地判平21・6・12（労判988号28頁）シン・コーポレーション事件··· 61
横浜地判平21・7・23（判時2056号156頁）学樹社事件·················· 61
東京地判平21・10・21（労判1000号65頁）ボス事件····················· 61
鹿児島地判平22・2・16（労判1004号77頁）康正産業事件················ 61
東京地判平22・9・7（労判1020号66頁）デンタルリサーチ社事件······ 61
東京地判平22・10・27（労判1021号39頁）レイズ事件··················· 61
東京地判平23・3・9（労判1030号27頁）エス・エー・ディー情報システムズ事件···························· 61
山形地判平23・5・25（労判1034号47頁）シーディーシー事件··········· 61
東京地立川支判平23・5・31（労判1030号5頁）九九プラス事件······· 61
東京地判平23・7・26（労判1037号59頁）河野臨牀医学研究所事件····· 61
東京地判平23・10・25（労判1041号62頁）スタジオツインク事件········ 61
東京地判平23・12・27（労判1044号5頁）HSBCサービシーズ・ジャパン・リミテッド事件············ 61
大阪地判平24・3・9（労判1052号70頁）日本機電事件··················· 62
京都地判平24・4・17（労判1058号69頁）セントラルスポーツ事件······ 63
東京地判平24・5・16（労判1057号96頁）ピュアルネッサンス事件······ 63
福岡地判平24・5・16（労判1058号59頁）佐賀労基署長（サンクスジャパン）事件···························· 62

東京地判平24・7・27（労判1059号26頁）ロア・アドバタイジング事件 ………………………………… 62

東京地判平24・8・28（労判1058号5頁）アクティリンク事件 ………… 62

東京地判平24・8・30（労判1059号91頁）VESTA事件 ………………… 63

東京地判平25・1・11（労判1074号83頁）フォロインブレンディ事件 …… 62

東京地判平25・4・9（労判1083号75頁）WILLER EXPRESS西日本ほか1社事件 ……………………………… 62

東京地判平25・4・24（労判1084号84頁）イーハート事件 ……………… 62

東京地判平25・12・13（労判1089号76頁）豊商事事件 …………………… 62

大阪地判平25・12・19（労判1090号79頁）乙山石油事件 ………………… 62

大阪地判平25・12・20（労判1094号77頁）新富士商事事件 ……………… 62

著者紹介

大内伸哉（おおうち　しんや）

1963年生まれ
1995年　東京大学大学院法学政治学研究科博士課程修了
現　在　神戸大学大学院法学研究科　教授

＜主な著書＞
『雇用社会の25の疑問（第2版）』（2010年，弘文堂）
『君は雇用社会を生き延びられるか』（2011年，明石書店）
『人事と法の対話』（共著：2013年，有斐閣）
『解雇改革』（2013年，中央経済社）
『君の働き方に未来はあるか？』（2014年，光文社）
『法と経済で読みとく雇用の世界（新版）』（共著：2014年，有斐閣）
『雇用改革の真実』（2014年，日本経済新聞出版社）

労働時間制度改革
―ホワイトカラー・エグゼンプションはなぜ必要か

2015年2月20日　第1版第1刷発行	
2015年7月15日　第1版第4刷発行	著　者　大　内　伸　哉
	発行者　山　本　憲　央
	発行所　㈱中央経済社

〒101-0051　東京都千代田区神田神保町1-31-2
電話　03（3293）3371（編集部）
　　　03（3293）3381（営業部）
http://www.chuokeizai.co.jp/
振替口座　00100-8-8432
印刷／昭和情報プロセス㈱
製本／誠　製　本　㈱

© 2015
Printed in Japan

＊頁の「欠落」や「順序違い」などがありましたらお取り替えいた
しますので小社営業部までご送付ください。（送料小社負担）
ISBN978-4-502-13001-4　C3032

JCOPY〈出版者著作権管理機構委託出版物〉本書を無断で複写複製（コピー）することは，
著作権法上の例外を除き，禁じられています。本書をコピーされる場合は事前に出版者著
作権管理機構（JCOPY）の許諾を受けてください。
JCOPY〈http://www.jcopy.or.jp　eメール：info@jcopy.or.jp　電話：03-3513-6969〉

日本の雇用社会のあるべき姿をさぐる

大内伸哉 [著]

解雇改革
―― 日本型雇用の未来を考える ――

定価：本体価格2,200円＋税
四六判／236頁

日本の解雇法制はなぜ見直しが必要なのか，どう変わっていけば良いのか。気鋭の労働法学者が，現場の論理を踏まえた実践的な提言を行う。

本書の中身

第1章　ここが問題，解雇ルール！
　　多方面からの問題提起

第2章　いまのルールは，どうなってる？
　　そもそも解雇制限はなぜ必要？

第3章　企業も解雇はしたくない！
　　「企業側の事情」から考えると

第4章　いま，岐路に立つ解雇ルール
　　解雇法制をとりまく環境の変化

第5章　司法も解雇には厳しい！
　　司法判断の根底にあるもの

第6章　こんなに違う，他国の解雇ルール
　　日本は特殊なのか？

第7章　新しい解雇ルールの提言
　　金銭解決を導入すべきか？

終　章　改革実現に向けての課題は…
　　幸福な職業人生のために

中央経済社